Wunder gibt es immer wieder

Wunder gibt es immer wieder

Berichte und Geschichten von
rätselhaften und seltsamen Ereignissen,
die ein Leben für immer
verändern können

Herausgegeben
von Lia Franken

Scherz

Vorwort

«So ein Zufall!», «Das ist ja seltsam!», «Wie durch ein Wunder . . .», rufen wir im Alltagsleben immer wieder aus. Und wundern uns gar nicht darüber, daß Wunder jeden Tag geschehen, Zufälle unseren Weg kreuzen, rätselhafte Begebenheiten ihrer Erklärung harren oder Engel und Schutzgeister ganz eindeutig ihre Hand über uns halten, um uns vor Unheil zu bewahren. Aber es beeindruckt uns, und manchmal verändert es sogar unser Leben.

In diesem Buch habe ich Begebenheiten und Geschichten aus Leben und Literatur zusammengestellt, habe Berichte von Menschen aufgeschrieben, die sich mit Wundern konfrontiert, von Zufällen berührt, von merkwürdigen Erlebnissen beeindruckt fanden. Ich danke den vielen an diesem Buch Beteiligten, die so offen bereit waren, ihre Erlebnisse mitzuteilen, sie anderen zugänglich zu machen. Das war oft nicht leicht, denn manche dieser Menschen hatten ihre persönlichen «Wunder» tief in sich vergraben, oft einfach aus Angst, sich lächerlich zu machen.

Was ist ein Zufall? Eine kleine Begebenheit als Beispiel: Nach einer hitzigen Diskussion um die Künstlerin Niki de St. Phalle, die in der Halle des Zürcher Hauptbahnhofs einen riesigen Nana-Schutzengel aufgehängt hat und in der Toskana einen wunderschönen, phantasievollen Garten anlegte, was meine Freunde einfach nicht glauben wollten, machte ich beim Heimkommen den Fernseher an. Und was war auf dem Bildschirm zu sehen? Der Garten der Niki de St. Phalle in der Toskana.

Das war ein Zufall.

Als seltsame Begebenheit aber betrachte ich folgendes: Eines Abends kam ich sehr spät und sehr müde nach Hause, ging ins Bett und schlief sofort ein. Das Schrillen des Telefons weckte mich aus dem Tiefschlaf. «Mami, kannst du kommen?» hörte ich die Stimme meiner Tochter. «Ich komme sofort!» rief ich, zog mich an und fuhr mit dem Auto durch die Nacht zu dem abgelegenen Häuschen, das meine Tochter bewohnte. Es war hell erleuchtet, und sie kam mir entgegen. «Wie schön, daß du da bist», sagte sie. – «Aber du hast mich doch angerufen», rief ich erstaunt. – «Nein», meinte sie, «aber ich brauche dich gerade jetzt so sehr, und als ich vorhin an deinem Haus vorbeifuhr, habe ich mir sehr gewünscht, du wärst bei mir.» Wie wir feststellten, war das um die gleiche Zeit, als ich durch den vermeintlichen Telefonanruf geweckt wurde!

Das ist seltsam, rätselhaft, merkwürdig.

Was ein Wunder ist, ist schwerer zu erklären, weil ja gerade die Eigenschaft des Unerklärbaren es zu einem Wunder macht. Mir ist noch keines widerfahren. Aber mehr als die Hälfte aller Menschen glaubt ganz fest an Wunder.

Merkwürdig und rätselhaft ist vieles, was uns im Leben begegnet. Natürlich auch sehr subjektiv. Denn was dem einen als seltsam erscheint, empfindet ein anderer vielleicht als völlig normal. Was in diesem Buch zusammengetragen wurde, ist nichts Sensationelles, Spektakuläres. Es sind vielmehr Begebenheiten und Geschichten, die im Alltag passieren, die jedem von uns begegnen, in denen wir uns wiedererkennen können.

Wunder kommen nur zu denen, die daran glauben, heißt

es. Dem widerspricht jedoch, daß Wunder auch denen widerfahren, die ganz und gar nicht daran glauben, wie uns
aus Leben und Literatur immer wieder so überzeugend berichtet wird. Denn die meisten Menschen werden völlig unerwartet von Wundern überwältigt – und gerade deshalb
sind Wunder eben so wunder-voll . . .

LIA FRANKEN

Wie durch ein Wunder . . .

WUNDER, lateinisch *miraculum*, ein Vorgang, der der Erfahrung oder den Naturgesetzen widerspricht.

BROCKHAUS ENZYKLOPÄDIE

Das große unzerstörbare Wunder ist der Menschen-glaube an das Wunder.

JEAN PAUL

Ganesh trinkt Milch

Millionen waren Zeugen, als am 21. September 1995 indische Götterstatuen Milch schlürften (. . .). Aber wie reagiert man, wenn das Wunder plötzlich vor der Haustür steht? (. . .) Wie reagiert man darauf, nach einem langen Tag mit Gerüchten und Berichten, Bildern von Menschenmengen vor den Tempeln der Stadt? Man holt sich instruktionsgemäß Löffel und Becher aus der Küche, geht auf dem Weg zum Tempel beim Markt vorbei und ergattert eine Halbliterpackung Milch, was schon beinahe ein Wunder ist und entsprechend teuer. Dann reiht man sich in die Schlange von Menschen ein, die sich vor dem kleinen Tempelchen neben der Transformatorstation des städtischen Elektrizitätswerks von Delhi hinzieht . . .

Die Götterstatuen stehen in einer Vertiefung, die im Boden in der Mitte des Raums eingelassen ist. Um den Lingam, das phallische Symbol Shivas, ist die Heilige Familie versammelt: die Gemahlin Parvati, der Reitstier Nandi, der Sohn Ganesh, der Elefantenköpfige. Der Boden ist naß – ob es wohl die Milch ist, die durch die Körperfalten des korpulenten Gottes auf den Boden sickert? Aber ständig wird auch Milch verschüttet, etwa wenn ein Mädchen im Gedränge die Milch auf den Löffel gießt. Doch sobald sie ihn dem freundlich lächelnden Gott unter den Rüssel hält, wird sie abgeschirmt von den Nächsten und kann ihr kleines Ritual absolvieren. Das Unerklärliche passiert: Der Löffel leert sich, als ob jemand mit einem Strohhalm die Flüssigkeit langsam aufsaugen würde. Niemand bricht in Rufe des Staunens aus, kein Schluchzen, keine Mantras sind zu hören. Im dichten Halbkreis um Ganesh schauen die Menschen konzentriert zu, gespannt, ob der Gott auch ihnen ein Zeichen seines Wohlgefallens geben wird.

Die Schlagzeilen am Tag danach sollten von Hysterie und Massenhypnose sprechen. Im Tempel dagegen glich die Stimmung eher jener bei einem Experiment, ernst, aber nicht ergriffen. War man einmal selber an der Reihe, verflog der Rest an Betroffenheit, zu sehr war man damit beschäftigt, wie im Labor die Randbedingungen zu kontrollieren: nichts verschütten, den Löffel waagerecht halten, einen verstohlenen Blick auf die Körperfalten werfen, ob da nicht ein kleines Saugröhrchen versteckt ist, überprüfen der Oberfläche des glatten weißgrauen Steins, ob der Gott nicht plötzlich weiß zu schwitzen beginnt. Nichts von allem. Die weiße Flüssigkeit beginnt weniger zu werden, bis am Schluß nur noch ein Restchen in der Löffelmitte sitzt.

Und bevor man es realisiert hat, wird man bereits zur Seite gedrängt, senkt sich ein weiterer Löffel herab. Jemand sagt: «Nein, nicht vor den Stoßzahn, vor den Rüssel!» – «Das macht nichts, er trinkt trotzdem», fährt eine andere Stimme dazwischen. Man schaut zu, wie auch der Zahn seinen Durst löscht, wie Leute auch Nandi den Löffel unter die Schnauze halten, und selbst Parvatis Kinn verschwindet in der Milch. Beide trinken, doch inzwischen ist schon alles zur Selbstverständlichkeit geworden. Auch dem Tempelpriester, der im Schneidersitz an der Wand kauert und dem Scharren der vielen Füße auf dem nassen Boden ausdruckslos zuschaut. Draußen schwatzen die Kinder und Erwachsenen durcheinander, als kämen sie aus einer Zirkusvorstellung.

Das Experiment wird an diesem 21. September 1995 millionenfach wiederholt. Bei vielen begann es schon früh am Morgen. Als Rajiv Maira seinen Morgentee schlürfte und in den Zeitungen blätterte, murmelte sein Angestellter etwas von Ganesh, der «heute Milch trinkt». Eine Stunde später, als er sein Garagentor aufschloß, war die Reihe am Wächter: «Sahib, haben Sie's gehört, Ganesh trinkt Milch.» Auch der Chauffeur war bereits um sechs Uhr zum Tempel gelaufen. Maira selber, Chef der Vertretung einer multinationalen Gesellschaft, ließ sich nicht beeindrucken. Im Büro fehlte die Sekretärin – und als sie eintraf, brauchte er nicht lange zu fragen: «Ich wette, Ganesh hat auch Ihnen Milch aus der Hand geschlürft?» Ja, natürlich, und sie war bereits am Telefon, um ihren Bekannten davon zu berichten.

Den ganzen Tag schellte das Telefon, die Nachricht vom Wunder machte die Runde. Um zehn Uhr läutete Mairas Ehefrau an: Sie kam soeben aus dem Tempel zurück. «Ja, es ist ein Wunder. Er trinkt. Ich hab's selber gesehen. Und du solltest Fernsehen schauen, es passiert in ganz Indien. Die Kinder sind auch schon zu Hause, die Schulen haben freigegeben.» An ein Arbeiten war nicht mehr zu denken. Maira entschloß sich, auf dem Heimweg beim Sai-Baba-Tempel zu halten. Autos waren wild durcheinander geparkt, Menschen standen bis auf die Straße Schlange. «Es gelang mir, den Löffel Ganesh unter den Stoßzahn zu halten – du glaubst es nicht, aber die Milch verschwand.»

Wenn die milchtrinkende Statue kein Wunder war, die Verbreitung der Nachricht war bestimmt eines. Die Zeitungen anderntags waren sich einig, daß die Nachricht in Nordindien um drei Uhr früh ihren Anfang genommen hatte. In allen Tempeln Indiens werden die Götterstatuen noch vor dem Morgengrauen «geweckt». Die Tuchhülle wird ihnen abgenommen, sie werden mit Milch oder flüssiger Butter gewaschen, es wird ihnen vorgesungen, sie werden eingekleidet, sie erhalten den Farbtupfer auf die Stirn gedrückt,

Knospen von nachtblühenden Gewächsen werden über sie gestreut, und der Pujari, der Priester, hält ihnen in einer symbolischen Geste Laddus, süße Kugeln aus Zucker und Weizen, vor den Mund. Viele, die an keine Verschwörungstheorie glaubten, suchten den Beginn des Phänomens in dieser Zeremonie: Spielerisch habe ein Priester einer Ganesh-Statue Milch angeboten, die plötzlich verschwand.

Ein Wunder war geschehen, das Wunder der Telekommunikation sorgte für ein weiteres. Alle gaben an, sie hätten in der Morgenfrühe davon gehört, sei es durch einen Telefonanruf, sei es durch Bekannte, die ihrerseits von Bekannten geweckt worden waren. Um sechs Uhr, kaum waren die Milchwagen in den Quartieren aufgetaucht, begannen sich die Tempel zu füllen, und um zehn Uhr gab es bereits Berichte aus anderen Städten Indiens. In Bombay kam es zu Verkehrsstaus, und am Mittag mußte die Polizei in Kalkutta mit «milden Stockschlägen» eingreifen, um dem Gedränge Herr zu werden. Aus Singapur und Hongkong kamen Berichte, und als in England der Morgen anbrach, tauchten vor den Hindu-Tempeln in London und den Midlands die ersten Gläubigen mit Milchflaschen auf. Eine Bekannte in Delhi hörte vom Wunder durch einen Anruf ihres Sohns, der in Arizona studiert. Indien hat die niedrigste Telefondichte der Welt, aber sie genügte, Ganeshs Wunder zu einem weltweit gleichzeitig erlebbaren Phänomen zu machen.

Zu den vielen Tausenden Einwohnern Delhis, die am 21. September früh am Morgen dem Wunder beigewohnt hatten, gehörte auch der Schuhmacher Dulichand. Sein Arbeitsplatz liegt im Schatten eines Baums vor dem Eingang des Nistad, des Nationalinstituts für Wissenschaft und Technik. Als er sich nach seinem Tempelbesuch zur Arbeit niederließ und wie üblich seine Arbeitsinstrumente segnete, kam ihm plötzlich der Gedanke, seinem Schuhmachereisen auch Milch zu trinken zu geben. Und siehe da: Beim Eintauchen des Eisens begann die Milch zu verschwinden. Dulichands Experiment sollte die Physiker des Nistad vor einer Blamage retten.

Das Institut hat den Verfassungsauftrag, «den wissenschaftlichen Geist im indischen Volk zu verbreiten». In Broschüren und Unterrichtshilfen versucht es, die natürlichen Ursachen vieler Volkswunder nachzuweisen und die Leute vor Scharlatanen zu warnen. Doch als am Morgen des 21. September Anrufer erregt Erklärungen verlangten, waren die Wissenschaftler perplex. Sie waren natürlich überzeugt, daß es sich um einen Schwindel handelte, aber die Erklärungen – versteckte Pumpen, poröser saugfähiger Stein – befriedigten nicht. Wie konnten Abertausende von Ganesh-Statuen mit gut versteckten Schläuchen versehen worden sein? Wie konnten sie innerhalb von Stunden hektoliterweise Flüssigkeit aufsaugen – allein in Delhi wurden an jenem Tag zusätzliche 120 000 Liter Milch verkauft. Und wie kam es, daß auch Bronzestatuen tranken?

Dulichand kam ihnen zu Hilfe. Als sich der Wissenschaftler Gauhar Raza zur Mittagszeit in einer Eßbude vor dem Institut verpflegte, rief Dulichand ihn herbei und demonstrierte ihm das Verschwinden der Milch unter seinem Schuheisen. Plötzlich hatte Dr. Raza seine Begründung: Es war eine Kombination des Effekts der Oberflächenspannung und der Siphonwirkung. Die Spannung auf der Oberfläche einer Flüssigkeit führt bei Berühren zu einer Entleerung. Vorausgesetzt, die Oberfläche, die mit der Flüssigkeit in Berührung kommt, ist ihrerseits naß, läßt dieser Druck die Flüssigkeit nach oben wandern. Hat sich einmal ein kleiner Kanal gebildet, der die Flüssigkeit hinauf- und dann hinabführt, ist ein Siphon installiert, der wie ein Saugrohr wirkt.

Genau ein Jahr nach dem Wunder demonstrierte Dr. Raza das Prinzip im Haus eines gemeinsamen Bekannten, der eine große Sammlung von Ganesh-Statuen besitzt, noch einmal. Alle Ganesh-Statuen, ob aus Stein oder Glas oder Bronze, schlürften ihre Milch innerhalb von Sekunden aus. Es mußte lediglich darauf geachtet werden, daß ein hervorstehender Punkt des Körpers – Rüssel, Stoßzahn – in die Flüssigkeit getaucht wurde und daß die Wölbung zum Körper hin glatt war. Und sie mußte naß sein, damit sich ein Saugkanal bilden konnte, der die Milch wie in einem Siphon hinaufzog und dann den Körper herunterrinnen ließ. Aber dies war der springende Punkt: Das Rinnsal, das sich über den dicken Bauch des Gottes seinen Weg bahnte, war unübersehbar. Konnte es sein, daß sich Millionen von Menschen hatten übertölpeln lassen? Allein in Delhi hatten sich laut einer Umfrage der «Times of India» 59 Prozent der Bevölkerung – sechs Millionen Menschen – an der Zeremonie beteiligt, in ganz Indien fünfzig Millionen. Dr. Raza weist zur Erklärung auf den milchigweißen Marmor hin, der die Milch unsichtbar gemacht habe. Doch dies traf auf die vielen Statuen aus grauem Sandstein, schwarzem Marmor oder Bronze nicht zu.

Konnte es sein, daß sich so viele Menschen hatten verführen lassen, daß Skeptiker und Agnostiker dem falschen Zauber auf den Leim gegangen waren? Von den Journalisten gar nicht zu reden . . .

Am Tag danach war das Wunder zu Ende. Die Menschen gingen zurück in ihre Welt der Kühlschränke und Telefone, der Fernsehapparate und Blitzableiter. Es gab keine religiöse Welle – waren sie beschämt über ihren kurzen Rückfall in archaische Verhaltensmuster? Oder waren sie zufrieden mit der Bestätigung ihres Glaubens an eine doppelbödige Realität? Es war sanfte Ironie, daß ausgerechnet die moderne Technik, welche die Götter aus dem Himmel vertrieben hat, sich nun als Vermittlerin zwischen ihnen und den Menschen einschaltete und das Wunder in alle Welt trug. In den meisten Dörfern Indiens und in den Slums der Städte dagegen blieb das Wunder aus, nicht nur wegen der Abwesenheit von Telefon und Fernsehen. Als wir auf dem Weg zum Tempel einen Rikschafahrer baten, uns hinzubringen, weigerte er sich. «Warum sollte ich? Die Götter wirken jeden Tag Wunder. Dafür brauche ich nicht zum Tempel zu laufen.» Er hatte es nicht nötig, sich die andere Realität bestätigen zu lassen, er hatte einen anderen Draht zu seinem Gott . . .

BERNARD IMHASLY

Der Rosmarinbusch

Die berühmte Schriftstellerin Taylor Caldwell lebte in einer langen, sehr glücklichen Ehe. Als ihr Mann starb, nahm sie ihm kurz vor seinem Tod das Versprechen ab, ihr ein Zeichen aus dem Jenseits zu geben. «Wenn es ein Leben nach diesem Leben gibt, laß mich wissen, daß du auch weiterhin bei mir bist.»

Am Tag nach dem Tod ihres Mannes suchte sie bei einem Gang durch ihren Garten Trost für ihren Schmerz. Sie kam zu einem öden Fleck am Ende des Gartens, wo nie etwas hatte gedeihen wollen. Ganz in ihren Schmerz vertieft, schaute sie abwesend auf das Stück Land – und stutzte. Dort stand der Rosmarinstrauch, der seit dreißig Jahren nicht mehr gegrünt hatte, in voller Blüte. Erst am Vortag noch hatte sie den Strauch gesehen und gedacht, wie schade es sei, daß er niemals blühte!

Lange Zeit betrachtete Taylor Caldwell dieses Wunder und war überzeugt, das ersehnte Zeichen erhalten zu haben.

«Rosmarin bedeutet Erinnerung», erklärte sie später in Interviews, in denen sie von dem blühenden Rosmarinstrauch berichtete, der ihr soviel Trost gebracht hatte.

Wunder gibt es jeden Tag

In einer Radiosendung im Advent forderte ich Hörer auf, ihre persönlichen Erlebnisse zu erzählen oder zu schreiben, die sie mit Wundern, Zufällen und seltsamen Begebenheiten erlebt haben. Viele, viele Zuhörer meldeten sich, die oft in bewegenden Worten schilderten, was sie in ihrem Leben als Wunder betrachten und unvergeßlich für sie ist.

Sehr oft ging es um Trost im Schmerz um den Verlust eines geliebten Menschen, manchmal auch um ganz konkrete Dinge wie Arbeit, die gefunden wurde, oder ein Wiederse-

hen mit Personen, die längst aus dem Gedächtnis ent-
schwunden waren. Hier ein paar der schönsten Beispiele,
mitgeteilt von Menschen, die so erfüllt waren von «ihrem»
Wunder, daß sie es gerne mit anderen teilen wollten.

«Vor zwölf Jahren verlor ich meinen Mann und konnte den
Schmerz kaum ertragen. Ich habe viel geweint, und eines
Tages, als ich unser Badezimmer putzte, weinte ich wieder
still vor mich hin. Da sah ich plötzlich oben an der gekachel-
ten Wand ein gleißendes Licht. Da unser Badezimmer kein
Fenster hat, konnte ich mir nicht erklären, wo dieses Licht
herkam. Ich holte einen Stuhl, kletterte hinauf – und sah an
der Wand ein Kreuz. Es wurde durch dunkle Linien der Ka-
chelfugen gebildet, und es ist heute noch, nach so vielen Jahren, schwach zu sehen. Mir wurde damals ganz warm ums
Herz», berichtet Frau G. «Ich spürte Frieden und Trost und
wußte nun, daß mein Mann an einem guten Ort weilte, in
Frieden.»

«Vor sechsundzwanzig Jahren habe ich unser Haus gebaut»,
erzählt Herr Sch. «Ein Jahr später schenkte mein Vater mir
für den Garten einen japanischen Feuerbusch, einen Able-
ger seiner eigenen Pflanze. Es war eines der ganz wenigen
Geschenke, die ich je von meinem Vater bekam, denn er war
ein sehr strenger und harter Mann, und um ihn herum hatten wir eine harte Jugend. Mein Vater starb vor zwölf Jahren,
der Feuerbusch ist inzwischen groß geworden, er blüht im
Sommer. Letzten Winter aber stand er plötzlich bei einer
Temperatur von weit unter null Grad in voller Blüte. Meine
Frau sagte sofort, das ist ein Zeichen vom Vater, und auch
ich machte mir Gedanken. ‹Der Vater will ein Zeichen geben, er sucht Vergebung, wir sollten ein Gebet für ihn spre-

chen, er sagt uns, daß er das braucht›, meinte meine Frau. Das haben wir dann getan. Ich schickte dem Vater, dem ich immer noch gegrollt hatte, meine Verzeihung. Das hat mir Seelenfrieden gebracht; ich denke heute sehr oft an meinen Vater, und das ganz ohne Groll. Der Feuerbusch blühte noch viele Wochen, dann aber nie mehr.»

Auch bei Frau M., deren Vater 1996 sehr plötzlich gestorben war, blühte ein Hibiskus, der bis dahin dürr und braun geblieben war. Und zwar an dem Tag, als sie ihre Mutter zu sich nach Hause nahm. Die Mutter empfand dies wie ein Wunder und fühlte sich willkommen geheißen und getröstet.

Von einer Gebetserhörung schreibt Frau M. An einem Sonntagabend im Winter sagte der Wetterbericht Eisregen an. Da ihr Mann jeden Morgen um halb sieben mit dem Auto zu seinem ziemlich weit entfernten Arbeitsort fahren mußte, ängstigte sich Frau M. die ganze Nacht, wurde immer wieder wach – und betete für den Schutz ihres Mannes.

Am nächsten Morgen fuhr Herr M. seinen gewohnten Weg, auf dem er nach einer langgezogenen Kurve durch ein Waldstück mußte. Vor der Kurve kam ihm noch ein Auto entgegen, am Ende der Kurve aber lag ein offenbar gerade umgestürzter Baum quer über der Straße. Herr M. konnte auf der vereisten Straße nicht mehr bremsen und fuhr in voller Fahrt durch die Krone des liegenden Baumes. Das Auto fuhr erstaunlicherweise ohne Halt weiter, und als Herr M. endlich anhalten konnte, sah er zu seiner größten Verwunderung, daß sein Auto auch nicht den kleinsten Kratzer davongetragen hatte.

«Eine doppelte Bewahrung war das», meint Frau M. «Erstens, daß der Baum nicht auf ihn oder das entgegenkommende Auto stürzte, und zweitens, daß mein Mann und sein Auto ohne Kratzer durch die Baumkrone kamen. Ich bin Gott dankbar für diese Bewahrung. Er hat meine Gebete gehört.»

«Im letzten Jahr habe ich meinen zweiunddreißigjährigen Sohn durch Suizid verloren. Ich habe eine sehr schlimme Zeit hinter mir», erzählt Frau B. «Vor vier oder fünf Jahren hatte ich mir einen Spruch aufgehängt, der auch meinem Sohn sehr gut gefiel. ‹Merk ihn dir gut›, sagte er mehrmals sehr nachdrücklich zu mir.

Vor zwei Wochen, an einem ganz besonders schlimmen Tag für mich, kam ich heim von Besorgungen und fand den Spruch auf dem Boden liegend. Obwohl fest an der Wand angemacht, hatte er sich gelöst und lag nun da. Ich nahm das als Zeichen meines Sohnes. Er will mich trösten, mir sagen, daß ich seinen Tod akzeptieren muß, dachte ich. Und tatsächlich geht es mir seither sehr viel besser.

Der Spruch aber lautete: Gott gebe mir die Gelassenheit hinzunehmen, was ich nicht ändern kann, und den Mut zu ändern, was ich ändern kann, sowie die Weisheit, den Unterschied zwischen beiden zu erkennen.»

Von einem seltsamen Erlebnis berichtet Verena M. Erst kürzlich geschieden, allein mit drei Kindern, nach schweren Jahren der Depression arbeitslos und traurig, hörte sie in einem Traum eine Stimme, die ihr ganz entschieden sagte: «Du mußt warten bis Oktober», und dann sah sie eine Straße in ihrem Wohnort, konnte deren Namen genau erkennen.

Im September rief eine Bekannte bei ihr an, von der sie seit zwanzig Jahren nichts mehr gehört hatte, und machte sie auf eine offene Stelle in ihrem erlernten Beruf aufmerksam. Verena M. stellte sich dort vor – und das Geschäft lag genau in der Straße, die sie in ihrem Traum gesehen hatte. Im Oktober bekam sie die Stelle.

Tiere als Seelenboten spielen in vielen Erlebnissen eine Rolle. Auch ich selbst hatte ein solches Erlebnis. Als meine Mutter gestorben war, öffnete ich in ihrem Zimmer weit das Fenster. Als ich das nächste Mal den Raum betrat, saß ein wunderschöner Schmetterling direkt neben dem Kopf der Verstorbenen und blieb auch dort, bis sie abgeholt wurde. – Wenig später saß ich in einer Waldlichtung auf einer Bank und dachte über die vielen guten Gespräche nach, die ich mit meiner Mutter immer geführt hatte. Auch darüber, warum Verstorbene uns nie mitteilen können, wie es ihnen in anderen Welten geht. Wahrscheinlich, weil die Dimensionen so anders sind, daß man sich darüber mit Sterblichen gar nicht verständigen kann, war unserer Weisheit letzter Schluß immer gewesen. Daran dachte ich, als plötzlich ein Schwarm von Schmetterlingen aus dem Wald geflogen kam, ein paarmal über der Lichtung kreiste und wieder im Wald verschwand. «Du hast es also doch geschafft», dachte ich, «wenn auch anders als besprochen.» Und ich ging getröstet und mich innigst mit meiner Mutter verbunden fühlend nach Hause.

Ein ähnliches Erlebnis mit einer Eule hatte Germaine R. Drei Tage nachdem ihre Mutter gestorben war und genau zu dem Zeitpunkt, als man sie im Krankenhaus für ihre letzte Fahrt abholte, stieß mitten am Tag eine Eule gegen das Fenster des Wintergartens. «Es war auch genau die Zeit, zu der wir immer gemeinsam im Wintergarten Kaffee tranken.

Und wäre das Fenster offen gewesen, wie sonst üblich – die Eule wäre genau auf dem gewohnten Platz meiner Mutter gelandet. So blieb sie draußen auf der Erde liegen, rappelte sich dann aber auf und flog auf den nächsten Baum.» Als Frau R. das Sofa genau betrachtete, auf dem ihre Mutter zuletzt gelegen hatte, entdeckte sie dort am Kopfende einen ganz alten Druck mit einer Eule, den sie vorher mit Bewußtsein nie wahrgenommen hatte.

Ob Wunder, Zufall, Energieübertragung oder als was man all diese Geschichten betrachten will, auf jeden Fall waren sie für diejenigen, die sie erlebten, tröstend, beeindruckkend und eben – wunderbar.

LIA FRANKEN

Mancherlei Regen

Schwefelregen

Nach den Gewittern im Frühjahr, wenn sie mit starken Regengüssen verbunden waren, sieht man oft am Rande der Lachen, die vom stehenden Regenwasser entstanden sind, ein gelbes Pulver, das wie kleingeriebener Schwefel aussieht. Nun meinen ohnehin noch viele Leute, daß die Gewitter von schwefligen Dünsten entstehen, die sich in den Wolken erzeugen, und bilden sich alsdann ein, es sei mit dem Regen solcher Schwefel vom Gewitter herabgefallen, und denken daran, daß ja auch schon einmal Feuer und Schwefel vom

Himmel regnete auf Sodom und Gomorrha. Allein fürs erste wohnen wir gottlob nicht in Sodom und Gomorrha. Für das andere kann manchmal etwas so oder so aussehen, und es ist doch etwas anders, wie man schon oft mit Schaden erfahren hat. Und so ist auch das gelbe Pulver auf den Regenpfützen kein Schwefel; auch wenn es sich am Feuer entzündet nicht, sondern Blütenstaub von den Bäumen. In den Tulpen stehen inwendig im Ring herum sechs kleine Säulen, auf deren Spitzen ein schwarzer Staub sitzt. Wer daran riecht, bekommt daher eine schwarze Nase. Auf den Lilien ist er schön gelb, und wer an einer weißen Lilie riecht, bekommt davon eine gelbe Nase. Das ist Blütenstaub. Er findet sich in allen Blumen und in allen Blüten, denn er ist unentbehrlich und notwendig, wenn aus der Blüte Frucht und Samen entstehen sollen. Wenn es nun im Frühjahr, wo die Bäume blühen, starke Regengüsse gibt, so schwemmt der Regen diesen Staub von den Blüten ab, und dies ist auch eine Hauptursache, warum kein gutes Obstjahr zu erwarten ist, wenn es viel in die Blüten geregnet hat. Wo nun viele solcher blühenden Bäume beisammenstehen, da schwemmt auch der Regen viel solchen Blütenstaub herab. Dieser sammelt sich alsdann wieder auf der Erde und bleibt liegen, wenn das Wasser verdunstet, und das ist der vermeintliche Schwefelregen. Im Sommer und Spätjahr, wo doch die Gewitter meistens heftiger sind, wird niemand mehr etwas von Schwefelregen sehen, weil dann das Blühen ein Ende hat. Da regnen Äpfel, Nüsse, Eicheln etc. von den schweren Ästen der Bäume herab, aber kein eingebildeter Schwefel mehr.

Blutregen

Im Frühjahr und im Sommer kann es wohl geschehen, daß
man hie und da viel rote Tropfen, wie Regentropfen, noch
naß oder vertrocknet, auf dem Laub oder auf Gegenständen
von hellerer Farbe wahrnimmt, die auf der Erde liegen, z. B.
auf Tuch, das zum Bleichen in Grasgärten ausgebreitet wird.
Und weil man nicht begreifen kann, woher das kommen
mag, und weil man lieber etwas Unglaubliches als etwas Na-
türliches glaubt, so faßt man's kurz und sagt, es habe Blut geregnet, und das bedeute Krieg.

Allein, wie nicht alles Schwefel ist, was gelb aussieht, so
ist auch nicht alles Blut, was eine rote Farbe hat. Diesmal
geht die Sache so zu. Aus einem kleinen Ei, das den Winter
über irgendwo an einer Hecke oder an einem Baumzweig
klebte, brütet im Frühjahr die Sonnenwärme ein kleines le-
bendiges Räuplein aus. Nach wenigen Wochen, wenn sich
die Raupe groß und rund gefressen hat, kriecht sie irgendwo
in die Höhe, wenn sie nicht schon oben ist, hängt sich mit
dem Hinterteil des Körpers fest, mit dem Kopfe abwärts,
streift die Raupenhülle ab und verwandelt sich in eine ek-
kige Gestalt, die man Puppe nennt, ohne Kopf, ohne Füße
und Flügel. Man sieht dem Ding nicht an, was es sein und
werden soll. Aber wieder nach kurzer Zeit spaltet sich die
Haut, und es kommt etwas mit kleinen zusammenge-
schrumpften Flügeln und einem dicken unförmigen Hin-
terleib hervor, dem man wohl ansieht, daß es gern ein
Schmetterling oder Sommervogel werden möchte. Nach
wenigen Stunden, wo es stille sitzen bleibt, sind die schönen
farbigen Flügel gewachsen und ausgebreitet. Aus dem Hin-
terleib gehen sechs bis acht rote Tropfen ab, die auf die Erde
herabfallen, alsdann ist der Sommervogel gemacht und flattert leicht und fröhlich in der Luft herum und von Blume zu

Blume. Das kann der liebe Gott, aus einer häßlichen und verachteten Raupe einen schönen und fröhlichen Sommervogel machen. Wo nun ganze Hecken oder Bäume im Frühjahr mit Gespinst überzogen sind, in welchem viele tausend solcher Eier verborgen sein können, da brütet auch die Sonnenwärme alle auf einmal aus. Alle, die davonkommen, können daher auch, wenn sie reichliche Nahrung haben, zu gleicher Zeit ihre Vollkommenheit erreichen, zu gleicher Zeit sich in Puppen verwandeln und zu gleicher Zeit als Schmetterling wieder aus der Puppe zurückkehren. Wo nun viele dergleichen nahe beisammen sind, da geben sie auch viele rote Tropfen von sich, ehe sie davonfliegen. Hundert in einem Garten können schon 600–800 Tropfen geben, und das ist alsdann der eingebildete Blutregen.

Froschregen

Man spricht auch von einem Froschregen. Aber das wird noch niemand gesehen haben, daß es Frösche aus der Luft herab regnete. Die Sache verhält sich ganz kurz so: Im Sommer, bei anhaltend trockener Hitze, zieht sich eine Art von Landfröschen in benachbarte Wälder und Buschwerke zurück, weil sie dort einen kühleren und feuchteren Aufenthalt haben, und verhalten sich ganz stille und verborgen, so daß sie niemand bemerkt. Wenn nun ein sanfter Regen fällt, so kommen sie in zahlreicher Menge wieder hervor und erquicken sich in dem nassen, kühlen Gras. Wer alsdann in einer solchen Gegend ist und auf einmal so viele Fröschlein sieht, wo doch kurz vorher kein einziges zu sehen war, der kann sich nicht vorstellen, wo auf einmal so viele Frösche herkommen; und da bilden sich einfältige Leute ein, es habe Frösche geregnet. Denn aus lieber Trägheit läßt man eher die unvernünftigsten Dinge gelten, als man sich die Mühe gibt, über die vernünftigen Ursachen dessen nachzudenken oder zu fragen, was man nicht begreifen kann.

Steinregen

Aber mit dem Steinregen verhält es sich anders. Das ist keine Einbildung. Denn man hat darüber viele alte glaubwürdige Nachrichten und neue Beweise, daß bald einzelne schwere Steine, bald viele miteinander von ungleicher Größe, mir nichts, dir nichts, aus der Luft herabgefallen sind. Die älteste Nachricht, welche man von solchen Ereignissen hat, reicht bis in das Jahr 462 vor Christi Geburt. Da fiel in Thrakien, oder in der jetzigen türkischen Provinz Rumili, ein großer Stein aus den Lüften herab, und seit jener Zeit bis jetzt hat es, soviel man weiß, 38mal Steine geregnet, z. B. im Jahr 1492 am 4. November fiel bei Ensisheim ein Stein, der 260 Pfund schwer war. Im Jahr 1672 bei Verona in Italien zwei Steine von 200 und 300 Pfund. Nun kann man denken, von alten Zeiten sei gut etwas erzählen. Wen kann man fragen, ob's wahr sei? Aber auch ganz neue Erfahrungen geben diesen alten Nachrichten Glauben. Denn im Jahr 1789 und am 24. Juli 1790 fielen in Frankreich und am 16. Juni 1794 in Italien viele Steine vom Himmel, das heißt hoch aus der Luft herab. Und am 26. April 1803 kam bei dem Orte l'Aigle im Orne-Departement in Frankreich ein Steinregen von 2000–3000 Steinen auf einmal mit großem Getöse aus der Luft.

Sonntag, den 22. Mai 1808, sind in Mähren Steine vom Himmel gefallen. Der Kaiser von Österreich ließ durch einen fachkundigen Mann Untersuchung darüber anstellen. Dies ist der Befund:

Es war ein heiterer Morgen, bis um halb sechs Uhr ein Nebel in die Luft einrückte. Die Filialleute von Stannern

waren auf dem Wege in die Kirche und dachten an nichts.
Plötzlich hörten sie drei starke Knalle, daß die Erde unter
ihren Füßen zitterte, und der Nebel wurde auf einmal so
dicht, daß man nur zwölf Schritte weit zu sehen vermochte.
Mehrere schwächere Schläge folgten nach und lauteten wie
ein anhaltend Flintenfeuer in der Ferne oder wie das Wir-
beln großer Trommeln. Das Rollen und das Pfeifen, das zwi-
schendrein in der Luft gehört wurde, brachte daher einige
Leute auf den Gedanken, jetzt komme die Garnison von Te-
lisch mit türkischer Musik. An das Kanonieren dachten sie
nicht. Aber während sie vor Verwunderung und Schrecken
einander ansahen, fing in einem Umkreis von ungefähr drei
Stunden ein Regen an, gegen welchen kein Mantel oder
Maltersack über die Achseln schützt. Eine Menge von Steinen, von der Größe einer welschen Nuß bis zu der Größe eines Kindskopfs, und von der Schwere eines halben Lotes bis
zu sechs Pfund, fielen unter beständigem Rollen und Pfeifen
aus der Luft, einige senkrecht, andere wie in einem
Schwunge. Viele Leute sahen zu, und die Steine, welche sogleich nach dem Fallen aufgehoben wurden, waren warm.
Die ersten schlugen nach ihrer Schwere tief in die Erde. Einer davon wurde zwei Fuß tief herausgegraben. Die späteren
ließen es beim nächsten bewenden und fielen nur auf die
Erde. Ihrer Beschaffenheit nach sind sie inwendig sandartig
und grau und von außen mit einer schwarzen, glänzenden
Rinde überzogen. Die Zahl derselben kann niemand ange-
ben. Viele mögen in das Fruchtfeld gefallen sein und noch
in der Erde verborgen liegen. Diejenigen, welche gefunden
und gesammelt wurden, betragen an Gewicht zweieinhalb
Zentner. Alles dauerte 6 bis 8 Minuten, und nach einigen
Stunden verzog sich auch der Nebel, so daß gegen Mittag alles wieder hell und ruhig war, als wenn nichts vorgegangen

wäre. Dies ist die Begebenheit. Was es aber mit solchen Steinen, die vom Himmel fallen, für eine Bewandtnis habe, daraus machen die Gelehrten ein Geheimnis, und wenn man sie fragt, so sagen sie, sie wissen es nicht.

Hutregen

Am unbegreiflichsten ist es, daß es einmal Soldatenhüte soll geregnet haben. Ein Bürger aus einem kleinen Landstädtchen irgendwo in Sachsen soll eines Nachmittags nicht weit von einem Berg auf seinem Felde gearbeitet haben. Auf einmal ward der Himmel stürmisch; er hörte ein entferntes Donnern; die Luft verfinsterte sich; eine große schwarze Wolke breitete sich am Himmel aus, und ehe der gute Mann es sich versah, fielen Hüte über Hüte rechts und links und um und an aus der Luft herab. Das ganze Feld ward schwarz, und der Eigentümer desselben hatte unter vielen Hunderten die Wahl. Voll Staunen lief er heim, erzählte, was geschehen war, brachte, zum Beweis davon, so viele Hüte mit, als er in den Händen tragen konnte, und der Hutmacher des Orts mag keine große Freude daran gehabt haben. Nach einigen Tagen erfuhr man aber, daß hinter dem Berg in der Ebene ein Regiment Soldaten exerziert hatte. Zu gleicher Zeit kam ein heftiger Wirbelwind oder eine sogenannte Windsbraut, riß den meisten die Hüte von den Köpfen, wirbelte sie in die Höhe über den Berg hinüber und ließ sie auf der anderen Seite wieder fallen. So erzählt man. Ganz unmöglich wäre wohl die Sache nicht. Indessen gehört doch eine starke Windsbraut und folglich auch ein starker Glaube dazu.

JOHANN PETER HEBEL

Als Wunder beglaubigt

Man geht davon aus, daß jeder vierte, der nach Lourdes pilgert, in der Hoffnung auf Heilung hierherkommt. Das bedeutet: Jedes Jahr schleppen sich über zwei Millionen oft schwerstkranker Menschen zur Grotte mit der heiligen Quelle, nehmen ein Bad in den eiskalten Piscinen, trinken aus dem Pilgerbrunnen und hoffen zumindest insgeheim darauf, daß gerade ihnen ein Wunder widerfährt.

Nun sind die Wunder in der Tat so manches Mal eingetreten. Das erste geschah bereits drei Tage nach Entspringen der Quelle: Der erblindete Steinklopfer Bouriette wusch sein erloschenes Auge mit dem Quellwasser und konnte wieder sehen. Ihm folgten viele, viele andere: Weit mehr als sechstausend Menschen haben sich bei dem «ärztlichen Konstatationsbüro» gemeldet, das bereits im Jahre 1882 in Lourdes zur Registrierung der Wunder gegründet wurde.

Und dann geschah etwas Merkwürdiges: Die – vorsichtig ausgedrückt – «angeblichen» Heilungen waren nicht nur den aufgeklärten Ärzten ein Dorn im Auge, sondern auch der Kirche. Die Schulmediziner setzten alles daran, die in Lourdes Geheilten als Neurotiker, «Sofaheilige» oder Hypochonder zu entlarven und die Genesung als eine Folge von Selbsthypnose, Suggestion oder «Spontanremission» zu erklären. Sie behaupteten, es handele sich bei den auf wunderbare Weise geheilten Leiden nicht wirklich um unheilbare (nach medizinischen Kriterien), sondern um «potentiell heilbare Erkrankungen», wie etwa die Tuberkulose. Daß die Ärzte gegenüber Heilungserfolgen, die nicht auf ihren Einsatz zurückzuführen sind, bisweilen eine fast feindliche Einstellung an den Tag legten, erscheint vielleicht nicht weiter verwunderlich. Weitaus erstaunlicher ist, daß auch die katholische Kirche die Wunder fast von Anfang an mit größter Skepsis betrachtete und ihr möglichstes tat, den Wunderglauben ihrer Schäfchen zu entmutigen, und allen Katholiken davon abriet, in der Hoffnung auf Heilung nach Lourdes zu pilgern.

Daran hat sich bis heute nichts geändert. Ausgerechnet die Kirche, die den Glauben an das größte aller Wunder, die Auferstehung Christi von den Toten, in den Mittelpunkt ihrer Botschaft stellt, gibt sich bei der Anerkennung vergleichsweise viel kleinerer Wunder höchst bedeckt. Das mag zum Teil daran liegen, daß die Faszination der Wunder als Feind des wahren Glaubens gilt. Wenn man Zeuge eines Wunders wird, ist es ziemlich einfach zu glauben, und so gab es zu allen Zeiten Menschen, die nach Wundern gierten. Schon Christus hatte resigniert gesagt: «Wenn ihr nicht Zeichen und Wunder seht, glaubt ihr nicht» (Johannes 4,48), aber der Sehnsucht der Gläubigen immer wieder nachgegeben: «Und der Herr . . . bekräftigte das Wort durch die mitfolgenden Zeichen [= Wunder]» (Markus 16,20). Die Kirche dagegen, weniger großmütig als Jesus, verlangt Anhänger, die glauben, ohne dafür Beweise zu fordern. «Der wahre Glaube», so der Priester Josef Heinzmann, «bedarf des Wunders nicht, wohl aber das Wunder des Glaubens.»

Und so gibt es außer dem Konstatationsbüro in Lourdes, das alle Heilungen offiziell erfaßt, noch zwei weitere Instanzen, die für die Überprüfung der Wunder zuständig sind. 1925 wurde die «Internationale Ärztevereinigung von Lourdes» gegründet und im Jahre 1947 die «Internationale Medizinische Kommission» (IMK) mit Sitz in Paris, der über dreißig Wissenschaftler aus der ganzen Welt angehören. Sie alle sind im Auftrag der katholischen Kirche damit beschäftigt, die gemeldeten Wunder von Lourdes auf

Glaubwürdigkeit zu überprüfen, sie kritisch und nach allen nur denkbaren wissenschaftlichen Kriterien abzuklopfen. Diese Kriterien stammen aus dem 18. Jahrhundert und wurden von Papst Benedikt XIV. in der an sich ehrbaren Absicht erstellt, die damalige Inflation an vorgeblichen Wundern auf ein erträgliches Maß zu dämpfen.

Damit eine Heilung als wunderbar – das heißt medizinisch nicht erklärbar – anerkannt werden kann, muß sie ganz bestimmte Voraussetzungen erfüllen: Die Krankheit muß lebensbedrohend und nach aktuellem medizinischen Wissen unheilbar sein. Die Heilung muß plötzlich, nach menschlichem Wissensstand unerklärlich, ohne ärztliche Behandlung und ohne das Übergangsstadium einer Genesung erfolgen und durch alle nur denkbaren Tests und Röntgenbilder nachgewiesen werden. Sie muß von Dauer sein (mindestens drei bis vier Jahre), und es muß sich eindeutig um eine organische (und nicht etwa um eine psychisch bedingte) Krankheit handeln, wie immer man das unterscheiden mag. Das bedeutet: Wer Wert darauf legt, daß seine Heilung ein kirchlich beglaubigtes Wunder ist, hat einen langen, mühevollen und frustrierenden Weg durch diverse medizinische und kirchliche Instanzen vor sich.

Zwei, die diesen mühevollen Weg auf sich nahmen, sind der Italiener Vittorio Micheli und die Sizilianerin Delizia Cirolli.

Der 22jährige Soldat Vittorio aus Verona wurde 1962 mit einem riesigen Sarkom am Oberschenkel ins Krankenhaus eingeliefert. Der Krebs hatte den Knochen so weit zerfressen, daß eine Behandlung nicht mehr möglich war. Das Bein war nur noch eine breiige Masse von Geschwülsten.

Der junge Mann wurde von den hilflosen Ärzten ruhigge-
stellt, das Bein bis zur Hüfte eingegipst, und so verbrachte er
über ein Jahr im Krankenhaus. Niemandem fiel ein, was
man sonst noch mit ihm hätte tun können.

Was Vittorio plötzlich dazu veranlaßte, die beschwerliche
Reise nach Lourdes auf sich zu nehmen, ist nicht bekannt.
Man weiß jedoch, daß der vom Tode gezeichnete junge
Mann augenblicklich spürte, wie ein Gefühl von «Hunger
und elektrischer Spannung» durch seinen Körper fuhr, als er
– mitsamt seinem Gips – in das eiskalte Wasser der Piscinen
von Lourdes eintauchte. Er hätte sofort gewußt, erzählte
Vittorio später, daß er geheilt sei.

Innerhalb eines Monats konnte Vittorio wieder laufen.
Trotzdem blieben seine Ärzte skeptisch. Die Röntgenbilder
zeigten einen unveränderten Befund. Doch acht Monate
später mußten sie staunend zugeben, daß sich – nicht zu
glauben, aber unübersehbar – das zerstörte Knochengewebe
im Becken neu gebildet hatte. Vittorio verließ das Krankenhaus, nahm seine Arbeit wieder auf und konnte später sogar
Sport treiben. Seinen Gehstock brauchte er auch nicht
mehr. Die Ärzte sprachen von einer unerklärlichen Spontanremission. Für die katholische Kirche gehörte Vittorios
Fall, nachdem er die endlosen Formalitäten und Untersuchungen der Überprüfungskommissionen durchlaufen
hatte, zu den wenigen offiziell anerkannten Wundern.

Das vorläufig letzte erlebte die kleine Sizilianerin Delizia.
Im Jahr 1976 wurde bei der Dreizehnjährigen ein Neurobla-
stom am rechten Schienbein diagnostiziert. Der Arzt emp-
fahl der Familie, das Bein des Kindes amputieren zu lassen.
Die Eltern lehnten entsetzt ab, ließen sich aber zu einer Ko-
baltbestrahlung überreden. Doch als Delizia in die radiolo-
gische Abteilung eingeliefert wurde, ging es ihr bereits so

schlecht, daß ihre Familie beschloß, auf die Behandlung zu verzichten und das Kind zum Sterben nach Hause zu holen.

Im Sommer dieses Jahres 1976 sammelten die Menschen in ihrem Dorf Geld, damit das sterbenskranke Kind mit seiner Mutter auf eine Pilgerreise nach Lourdes gehen konnte. Vier Tage lang tauchte Delizia die Hand in das heilige Wasser, ohne daß sie eine Besserung verspürte, und auch die Röntgenaufnahme, die nach der Heimkehr gemacht wurde, zeigte keinerlei Besserung. Doch die Familie gab nicht auf: Zwar nähten die Frauen, alter Sitte entsprechend, ihr Sterbekleidchen, aber gleichzeitig gab ihr die Mutter täglich von dem heiligen Wasser zu trinken, das sie aus Lourdes mit nach Hause gebracht hatte. Das Wunder geschah knapp vier Monate nach der Rückkehr aus Lourdes: Delizia, die nur noch 49 Pfund wog, stand plötzlich auf, in einigen Tagen schwand die Schwellung an ihrem Knie, und innerhalb weniger Wochen war sie so weit wiederhergestellt, daß man sie für geheilt erklärte – ein Ereignis, das die verblüfften Ärzte als «einmaligen, erstaunlichen Fall» bezeichneten.

Es ist nicht bekannt, ob diese wundersame Heilung die Familie mit tiefer, demütiger Dankbarkeit erfüllte, und wir können auch nicht sagen, ob das Wunder in allen Betroffenen eine tiefgreifende Veränderung bewirkt hat. Wir wissen nur, daß Delizias Mutter ihre Tochter nun Jahr für Jahr nach Lourdes schleppte und sich im Konstatationsbüro «vehement» dafür einsetzte, daß bei ihrer Tochter ein Wunder geschehen war, welches der offiziellen Anerkennung bedürfe. Wir fragen uns vielleicht insgeheim, warum ihr die wunderbare Heilung ihres sterbenskranken Kindes nicht genügt haben mag ohne den offiziellen Ruhm. Wie auch immer: Wir können davon ausgehen, daß sie allen Verantwortlichen kräftig auf die Nerven gegangen ist. Letzten Endes mit Er-

folg: Im Jahre 1982 entschied das Comité Médical Interna-
tional von Lourdes mit Zweidrittelmehrheit, daß Delizias
Heilung «unerklärlich» sei. Von «Wundern» dürfen die Mitglieder der Ärztekommission nicht sprechen, das steht nur
der Kirche zu. Die aber prüfte noch weitere sieben Jahre, bis
sie 1989 Delizias Heilung den Status des vorläufig letzten offiziellen Wunders zusprach.   UTE YORK

Ganz offizielle Wunder

Eine amerikanische Heilige

Mutter Elizabeth Seton von den Barmherzigen Schwestern
gehört zu den Kandidaten, die die rigorosen Prüfungen des
Vatikanbüros zur Anerkennung von Wundern bestanden
haben. Der Papst hielt es für erwiesen, daß ihrer Fürsprache
mindestens zwei Wunderheilungen zu verdanken sind. Sie
war schon einige Jahre tot, als – im Winter 1934 – bei einer
der Schwestern ihres Ordens ein Tumor an der Bauchspeicheldrüse entdeckt wurde. Eine Gewebeprobe wurde entnommen, und der Befund stand bald fest: Inoperabel –
erklärten die Ärzte. Daraufhin entschieden sich die anderen
Schwestern des Ordens, eine Gebetsvigil für Schwester Gertrude durchzuführen. An neun aufeinanderfolgenden Tagen
baten sie ihre verstorbene Äbtissin, für Schwester Gertrude
bei Gott ein gutes Wort einzulegen, sie würde noch gebraucht. Kurz darauf begann sich ihr Zustand rapide zu ver-

bessern, wenige Wochen später kehrte sie ins Kloster zurück und nahm ihr hartes, arbeitsames Leben wieder auf. Sie starb siebeneinhalb Jahre später völlig unerwartet. Bei der Autopsie zeigte sich, daß sie an einer Lungenembolie gestorben war. Von dem Karzinom an der Bauchspeicheldrüse war nichts mehr zu sehen.

Zehn Jahre später erkrankte in Baltimore ein kleines Mädchen an lymphatischer Leukämie, einer damals noch tödlichen Krankheit. (Heute ist sie zu 75 Prozent heilbar.) Das Kind hatte bereits die Letzte Ölung erhalten, da unternahmen ihre Eltern einen letzten verzweifelten Versuch: Sie wickelten die Vierjährige in warme Decken und brachten sie auf den Friedhof zum Grab von Mutter Seton. Dort warteten schon die Schwestern des Ordens. Ann wurde auf das Grab von Mutter Elizabeth gelegt, und die Nonnen umringten sie und beteten für das Leben der kleinen sterbenskranken Ann. Dann wurde das Kind in die Klinik zurückgebracht.

Einige Tage später ergab eine Blutuntersuchung, daß von der Leukämie keine Spur mehr vorhanden war. Für Anns Familie, die Nonnen und wohl auch die fassungslosen Ärzte stand fest, daß ein Wunder geschehen war. Das Wunder sprach sich herum und wurde zur Sensation. Der Vatikan schickte gleich eine ganze Kommission nach Baltimore, um den Fall zu untersuchen.

Neun Jahre später war sich die Kirche immer noch nicht einig, wie sie den Fall einzuordnen habe. Sie verlangte von Anns Mutter, daß die mittlerweile Dreizehnjährige sich einer schmerzhaften Knochenmarksprobe unterziehen müsse. Nur so ließe sich nachweisen, daß es sich bei ihrer Heilung wirklich um eine kirchlich anerkannte Wunderheilung handle.

Wie im Fall der kleinen Delizia Cirolli, dem letzten anerkannten Wunder von Lourdes, war hier eine Mutter ehrgeizig oder autoritätsgläubig genug, um dieser Forderung nachzugeben. Die Probe wurde entnommen, der Papst erklärte Anns Heilung zum offiziellen Wunder und sprach Mutter Seton heilig.

Heute ist Ann 49 Jahre alt und völlig gesund, eine fromme, schlichte Frau, die es haßt, wenn man sie auf das Wunder von damals anspricht. Sie habe es satt, sagt sie, eine «wandelnde Reliquie» zu sein. Ob es Mutter Seton, der heiligen Elizabeth, im Himmel möglicherweise ähnlich geht? Von einer weiteren erfolgreichen Fürsprache ist nichts mehr bekannt geworden.

Heilende Gebete

Zu den dokumentierten Glaubensheilungen aus jüngerer Zeit gehört der Fall einer Klosterschwester aus Darmstadt. Beim Bau einer Kapelle war sie durch die frisch betonierte Decke gestürzt und auf einem Holzbalken gelandet. Sie wurde eilends ins Krankenhaus gebracht. Die Röntgenaufnahmen zeigten, daß sie einen überaus komplizierten Beckenbruch erlitten hatte.

Die anderen Schwestern hielten eine Gebetsvigil, die die ganze Nacht andauerte. Obwohl die Ärzte darauf bestanden, daß sie mehrere Wochen lang im Streckverband ruhen müsse, nahmen die Klosterschwestern sie nach zwei Tagen mit heim und behandelten sie weiterhin mit Handauflegen und Gebeten.

Zur allgemeinen Verwunderung stand die Schwester sofort nach dem Handauflegen auf, befreit von den quälenden Schmerzen und offensichtlich geheilt. Nach nur zwei Wochen war sie völlig wiederhergestellt. Sie ging ins Krankenhaus und präsentierte sich den staunenden Ärzten.

Beten für ein Wunder

Die kleine Elizabeth Jernigan war erst wenige Monate alt, als sie an einem extrem seltenen und sehr bösartigen Gehirntumor erkrankte, einem Melangiom, das bisher für jeden den sicheren Tod bedeutet hatte. Eine Operation wurde nur angesetzt, um die Schmerzen des kleinen Mädchens auszuschalten und vielleicht auch, weil ihr Großvater ein bekannter Arzt und Absolvent der berühmten Harvard Medical School war.

In dem ebenso sachlichen wie anrührenden Bericht, den die renommierte amerikanische Zeitschrift *Time* (im April 1995) veröffentlichte, wird geschildert, wie sich Eltern, Großeltern, Freunde und Gemeindemitglieder zu Gebetskreisen zusammensetzten und inbrünstig um Heilung oder doch zumindest um Linderung und Kraft für das sterbenskranke Kind baten.

Am Tag vor der geplanten Operation bildete sich der Tumor plötzlich zurück. Bei der Gewebeuntersuchung waren die Neurochirurgen sprachlos: Keinerlei kanzerogenes Gewebe war mehr vorhanden. Elizabeth ist heute fünfzehn Jahre alt und völlig gesund.   UTE YORK

Der Glaube heilt

Placebos sind Behandlungsformen ohne spezifischen therapeutischen Wert, die trotzdem vielen Menschen helfen. Viele therapeutische Erfolge können – ganz abgesehen von der Therapie oder den Theorien, auf denen sie beruht – zu einem großen Teil auf den Placebo-Effekt zurückgeführt werden. Das war sicher auch früher so, und es ist ganz bestimmt heute so. Eine zusammenfassende Untersuchung zahlreicher verschiedener pharmazeutischer Tests hat ergeben, daß Placebos im Durchschnitt ein Drittel bis die Hälfte der Wirksamkeit spezifischer Medikamente erreichen – eine beachtliche Wirkung für Zuckerpillen, die so gut wie nichts kosten.

Was also sind Placebos? Schon die Geschichte des Wortes ist interessant. Es stammt aus der Bibel und war im Mittelalter das erste Wort eines Gesangs, der bei Begräbnisfeiern angestimmt wurde: *Placebo domino* – «Ich will dem Herrn gefallen.» Später wurde es für bezahlte Trauersänger verwendet, die (anstelle der Familie, deren Aufgabe das ursprünglich war) an der Bahre des Verstorbenen «Placebos sangen». Im Laufe einiger Jahrhunderte wurde das Wort in seiner Bedeutung immer geringschätziger und bezeichnete schließlich Schmeichler, Kriecher und Schnorrer. In einem medizinischen Lexikon erscheint es erstmals 1785, und auch hier in einem abschätzigen Sinn; es heißt dort, es handle sich um «eine gebräuchliche Methode der Medizin».

Den bezahlten Placebo-Sängern des Mittelalters wird in aller Regel nicht viel an dem jeweiligen Verstorbenen gelegen gewesen sein. Dennoch wurde ihr Singen im Rahmen des überlieferten Rituals als gut und segenstiftend angesehen. Heute haben Placebos einen therapeutischen Zusammenhang, aber ihre Wirksamkeit hängt auch von Überzeugungen und Erwartungen ab – denen der Ärzte und Patienten. Aber jede Behandlungsmethode in jeder traditionellen oder modernen Gesellschaft braucht solch einen Zusammenhang, in dem die jeweiligen Techniken dem Kranken plausibel erscheinen und vom Arzt als heilkräftig angesehen werden.

Am stärksten zeigt sich der Placebo-Effekt bei Doppelblindversuchen, bei denen sowohl die Patienten als auch die Ärzte glauben, es werde hier ein hochwirksames neues Verfahren erprobt. Schätzen die Ärzte das Verfahren als nicht so effizient ein, nimmt auch der Placebo-Effekt ab. Bei einfachen Blindversuchen, wo die Ärzte, nicht aber die Patienten wissen, welche Patienten das Placebo erhalten haben, verlieren die Placebos noch mehr an Wirksamkeit. Unter offenen Bedingungen, das heißt, wenn die Patienten wissen, daß sie Placebos erhalten, erreicht der Effekt seine niedrigste Stufe. Die Methoden wirken also am besten, wenn sie von den Patienten und den Ärzten für sehr heilkräftig gehalten werden. Das gilt sogar für den umgekehrten Fall, daß echte Medikamente als Placebos ausgegeben werden; wenn Ärzte und Patienten daran glauben, bewirken die Medikamente weniger, als sie sonst erfahrungsgemäß bewirken können.

Verringerte Erwartung führt zu einem verringerten Placebo-Effekt. Das zeigt sich an neuen «Wunderdrogen», die zuerst große Hoffnungen wecken, dann aber die Erwartungen nicht erfüllen können. Dieses Muster erkannte im vorigen Jahrhundert schon der französische Arzt Armand Trousseau, der seinen Kollegen riet, «möglichst viele Kranke mit neuen Arzneien zu behandeln, solange sie noch ihre Heilkraft besitzen». Viele Beispiele gibt es auch aus unserer Zeit. Chlorpromazin beispielsweise galt für einige Zeit als hochwirksames

Mittel bei Schizophrenie, doch dann schwand der Glaube an seine Heilkraft wieder. Bei weiteren Tests wurde es für immer weniger wirksam befunden. Mit der Wirkung der Placebos ging es gleichfalls abwärts. «Als die Forscher merkten, daß die neue ‹Wunderdroge› nicht so heilkräftig war, wie sie gehofft hatten, ging vielleicht ihre Erwartung und möglicherweise auch ihr Interesse an den Patienten zurück.»

Hier noch ein besonders frappierendes Beispiel aus den fünfziger Jahren:

Bei einem Mann mit Krebs in fortgeschrittenem Stadium zeigte die Strahlentherapie keine Wirkung mehr. Er bekam eine einzige Injektion der Experimentaldroge Kerbiozen, die von manchen damals als «Wunderheilmittel» angesehen wurde (inzwischen aber in Mißkredit geraten ist). Der Erfolg war für den Arzt des Patienten ein regelrechter Schock; er sagte, die Tumoren «schmelzen wie Schneebälle auf dem Ofen». Später las der Patient Untersuchungen, die von der Unwirksamkeit des Medikaments sprachen, und da begann sein Krebs sich wieder auszubreiten. Einer Eingebung folgend, verabreichte sein Arzt ihm intravenös ein Placebo und sagte, es sei eine «neue, verbesserte» Form von Krebiozen. Wieder schwand der Krebs mit kaum glaublicher Schnelligkeit. Aber dann las der Mann in der Zeitung die offizielle Verlautbarung der American Medical Association: Krebiozen sei völlig wertlos. Da war es um seinen Glauben geschehen, und ein paar Tage später war er tot.

Das Prinzip ist auch in der medizinischen Forschung selbst zu erkennen. Neue Behandlungsformen sind bei denen, die an sie glauben, in der Regel wirksamer als bei Skeptikern.

«Quantitativ zeigt sich ein ausgeglichenes Bild. Die anfängliche Wirksamkeit von 70 bis 90 Prozent in den enthusiastischen Berichten reduzierte sich auf die 30 bis 40 Prozent ‹Basis›-Placebowirksamkeit in den Berichten der Skeptiker.»

Ganz erstaunlich ist an den Placebos, daß die Patienten durch sie nicht nur Besserung erfahren, sondern manchmal auch toxische Reaktionen oder Nebenwirkungen. Eine zusammenfassende Darstellung von 67 pharmazeutischen Doppelblindtests, durchgeführt mit 3549 Patienten, offenbarte, daß 29 Prozent der Patienten während der Behandlung mit Placebos Nebenwirkungen erlebten, zum Beispiel Appetitlosigkeit, Übelkeit, Kopfschmerz, Schwindel, Zittern und Hautausschläge. Die Nebenwirkungen waren manchmal so stark, daß sie zusätzliche medizinische Maßnahmen erforderlich machten.

Der Kraft von Segnungen steht die Kraft der Flüche gegenüber, und so auch der heilenden Kraft der Placebos die krankmachende Kraft von Verfahren, die man für schädlich hält; man spricht hier von «negativen Placebos» oder «Nocebos». Es gibt vor allem in Afrika und Lateinamerika aber auch anderswo besonders auffällige Beispiele, die von den Ethnologen als «Voodoo-Tod» bezeichnet werden und den Glauben an die Kraft der Hexerei zum Hintergrund haben. Nicht ganz so spektakulär geht es bei Laborexperimenten zu, wenn man den Versuchspersonen beispielsweise mitteilt, daß man in gewissen Abständen einen schwachen elektrischen Strom durch ihren Kopf leiten wird und es dadurch möglicherweise zu Kopfschmerzen kommt. Zwei Drittel der Versuchsteilnehmer bekamen Kopfschmerzen, obwohl überhaupt kein Strom geflossen war. Die Wirkung von Placebos und Nocebos hängt von den Grundüberzeugungen einer Gesellschaft ab, zum Beispiel vom Glauben an die wissenschaftliche Medizin. «Einfach ausgedrückt: Der Glaube macht krank, der Glaube tötet, der Glaube heilt.»

RUPERT SHELDRAKE

Shimoda

Es war Hochsommer, als ich Donald Shimoda das erstemal begegnet bin. In den vier Jahren meiner Flugpraxis war ich noch nie auf jemanden gestoßen, der sich wie ich betätigte, der mit dem Wind von Stadt zu Stadt flog und Rundflüge in einem alten Doppeldecker verkaufte: Preis drei Dollar für zehn Minuten Flugzeit. Aber eines Tages, unmittelbar nördlich von Ferris im Staate Illinois, blickte ich aus dem Cockpit meiner alten Fleet hinunter, und da saß eine Travel Air 4000, gold und weiß lackiert, wie gemalt, mitten im gelbgrünen Gras.

Gewiß, mein Leben war ungebunden, aber manchmal wurde es verdammt einsam. Ich sah den Doppeldecker dort unten, zögerte einen Augenblick und dachte dann, es könnte nicht schaden, ihm einen Besuch abzustatten.

Gas zurück auf Leerlauf, voll ins Seitenruder gestiegen, und dann glitten die Fleet und ich mit einem kalifornischen Riesenslip schräg nach unten auf den Boden zu. Der Wind sang in den Spanndrähten, ein sanfter, guter Klang, das bedächtige tuk-tuk des guten alten Motors, der den Propeller ohne Hast weiter herumwirbelte. Schutzbrille hoch, um die Landung besser beobachten zu können. Maisstengel huschten wie ein grünblättriger Dschungel dicht unter mir dahin, eine Umzäunung blitzte auf, dann nur frischgemähtes Heu, so weit das Auge reichte. Mit Knüppel und Ruder aus dem Slip, ein elegantes Abfangen über dem Heu, das die Reifen streiften, und dann das vertraute harte Schütteln vom festen Boden unter den Rädern, sachte, sachte . . . ein plötzliches Anschwellen von Lärm und Kraft, um neben das andere Flugzeug zu rollen und zu halten. Gas weg, Zündung aus, das leise klack-klack des Propellers, der nun in der völligen Ruhe des Julitages zum Stillstand kam.

Der Pilot der Travel Air saß im frischgemähten Gras, den Rücken gegen das linke Rad seiner Maschine gelehnt, und beobachtete mich. Eine gute halbe Minute starrte ich zurück und bewunderte seine rätselhafte Gelassenheit. Ich wäre nicht so ruhig gewesen, hätte nicht einfach so dagesessen und zugesehen, wie ein anderes Flugzeug sich knappe zehn Meter entfernt von mir auf ein Feld setzte. Ich nickte ihm zu, er gefiel mir auf den ersten Blick. «Sie sahen so einsam aus!» rief ich über die Entfernung zwischen uns.

«Sie auch.»

«Wollte nicht stören. Wenn ich überflüssig bin, verdufte ich.»

«Nein. Ich habe Sie erwartet.»

Ich mußte lächeln. «Tut mir leid, daß ich mich verspätet habe.»

«Macht nichts.»

Ich nahm meine Kopfhaube und die Schutzbrille ab, kletterte aus dem Führersitz und sprang von der Tragfläche herunter. Es tut jedesmal wohl, wenn man ein paar Stunden in der Fleet gesessen hat.

«Ich hoffe, Sie haben nichts gegen ein Brot mit Schinken und Käse», sagte er. «Schinken und Käse und vielleicht eine

Ameise.» Kein Händeschütteln, keine irgendwie geartete Vorstellung.

Er war kein großer Mann. Haare bis auf die Schultern, schwärzer als der Reifen, gegen den er sich stützte. Augen dunkel wie die eines Falken, von der Art, wie ich sie bei einem Freund gern sehe und wie sie mir bei jedem anderen Menschen ein ungutes Gefühl geben. Er hätte ein Karatetrainer sein können, unterwegs zu einer ruhigen Demonstration der Gewalt.

Ich nahm das dargebotene belegte Brot und akzeptierte einen Thermosbecher voll Wasser. «Wer sind Sie eigentlich?» sagte ich. «Seit Jahren bin ich in diesem Geschäft, und niemals ist mir jemand aus derselben Branche mitten auf einer Wiese begegnet.»

«Ich tauge zu nichts anderem», entgegnete er gut gelaunt. «Ich war Automechaniker, habe Schweißtechnik gelernt, habe mich überall herumgetrieben, mit Planierraupen gearbeitet und so weiter – wenn ich irgendwo zu lange bleibe, gibt es Probleme. Deshalb habe ich mir das Flugzeug zusammengebastelt, und nun bin ich eben als ‹Barnstormer› im Geschäft.»

«Was für Planierraupen?» Seit meiner Kindheit hatten mich diese Dieseltraktoren fasziniert.

«D-Achter, D-Neuner. Vorübergehend, in Ohio.»

«D-Neuner! Die sind ja riesig! Doppelte Untersetzung in den niedrigen Gängen! Können die tatsächlich einen Berg versetzen?»

«Es gibt bessere Wege, um Berge zu versetzen», antwortete er, und ein winziges Lächeln huschte über sein Gesicht.

Ich lehnte mich gegen die untere Tragfläche seiner Maschine und sah ihn mir genau an. Das Licht . . . es täuschte wohl, denn es war schwer, dem Mann direkt in die Augen zu sehen, als ob ein Strahlenkranz um seinen Kopf war, der den Hintergrund in einem neblig-silbrigen Schimmer verschwinden ließ.

«Stimmt was nicht?» fragte er.

«Was waren denn das für Probleme?»

«Oh, nichts Besonderes. Ich bin eben gern auf der Walze, genau wie du.»

Ich nahm mein Butterbrot und spazierte um seine Maschine herum. Es war ein Modell aus dem Jahr 1928 oder 1929, und nicht ein einziger Kratzer. Selbst Fabriken stellen keine Flugzeuge her, die so neu aussehen wie diese Maschine hier im Gras. Mindestens zwanzig Schichten erstklassige und mit der Hand eingeriebene Spannlackierung, eine spiegelglatte, straff über den Rippen liegende Farbschicht. *Don* prangte in altenglischen Blattgoldlettern unmittelbar unter dem Rand des Cockpits, und auf der Kartentasche stand *D. W. Shimoda*. Die Fluginstrumente waren nagelneu, Originalinstrumente aus dem Jahr 1928. Steuerknüppel und Seitenruderachse aus gefirnißter Eiche, Gashebel, Gemischregler, Zündverstellung links davon. Heutzutage hat man keine Zündverstellung mehr, auch nicht an den mit größter Liebe restaurierten Oldtimern. Nirgends ein Kratzer, kein Flicken auf der Bespannung, keine Ölspuren unterhalb der Haube. Kein einziger Strohhalm auf dem Boden des Cockpits, als wäre die Maschine überhaupt niemals geflogen, sondern hätte durch eine Zeitverwerfung über ein halbes Jahrhundert hinweg hier und jetzt Gestalt angenommen. Mir sträubten sich die Nackenhaare. «Seit wann machen Sie diese Rundflüge?» fragte ich über die Maschine hinweg.

«Seit vier, fünf Wochen.»

Er log. Nach fünf Wochen in den Wiesen, und wenn man noch so gut fliegt, ist es einfach unmöglich, die Maschine von Schmutz und Ölspuren freizuhalten, und auf dem Boden des Cockpits liegt ganz bestimmt Stroh. Aber dieses Flugzeug ... kein Ölfilm auf der Windschutzscheibe, keine Spuren von fliegendem Heu an den Vorderkanten von Tragflächen und Höhenruder, keine auf den Propellerschaufeln zerquetschten Insekten. Unmöglich für ein Flugzeug, das durch einen Sommer in Illinois fliegt.

Ich sah mir die Travel Air noch ein paar Minuten genauestens an. Dann ging ich zurück und setzte mich auf das Heu unter die Tragfläche, dem Piloten gegenüber. Ich hatte keine Furcht, er gefiel mir noch immer, aber irgend etwas stimmte hier nicht.

«Warum erzählen Sie mir nicht die Wahrheit?»

«Ich habe aber die Wahrheit gesagt, Richard», erwiderte er. «Mein Name steht doch auch am Flugzeug dran.»

«Man befördert nicht einen Monat lang Passagiere in einer Travel Air, ohne eine Spur von Öl und Staub auf die Maschine zu bekommen, mein Freund, einen Riß in die Bespannung und, zum Teufel noch einmal, Stroh auf den Boden des Cockpits!»

Er war ruhig geblieben und lächelte. «Es gibt eben Dinge, von denen du nichts weißt.»

Im gleichen Augenblick wurde er für mich zu einem Wesen von einem anderen Planeten. Ich glaubte ihm, und doch hatte ich keine Erklärung dafür, wie er sein Kleinod von einer Maschine gerade dort, in dem sommerlich abgemähten Feld, hätte landen können.

«Da hast du recht. Aber eines Tages werde ich alles verstehen. Und dann, Donald, kannst du auch meine Maschine haben, denn ich werde sie nicht mehr brauchen.»

Er sah mich interessiert an und hob die schwarzen Augenbrauen.

«Ach ja? Erklär mir das.»

Ich war begeistert. Endlich jemand, der meine Theorie erklärt haben wollte!

«Viele Jahre lang konnten die Menschen nicht fliegen, eben weil sie es nicht für möglich hielten, stimmt's? Und deshalb haben sie sich auch nicht über die elementarsten Prinzipien der Aerodynamik den Kopf zerbrochen. Ich glaube aber, daß noch ein anderes Prinzip im Spiel ist: Wir brauchen nämlich keine Flugzeuge, um zu fliegen oder um durch die Wand zu gehen oder auf Planeten zu landen. Wir könnten es auch ohne die Anwendung von Maschinen bewerkstelligen. Wenn wir es nur wollten.»

Er schenkte mir ein halbes Lächeln, blieb aber ernst darunter und nickte mit dem Kopf. «Und du bildest dir ein, daß du das, was du lernen willst, erreichen kannst, indem du den Leuten für drei Dollar Rundflüge verkaufst?»

«Ich betrachte nur die Kenntnisse als wichtig, die ich mir selbst erworben habe, indem ich das tue, was mir Freude macht. Es gibt zwar keinen, aber sollte es tatsächlich einen Menschen geben, der mir mehr von dem beibringt, was ich wissen will, als es mein Flugzeug und der Himmel über mir können, zeig ihn mir mal, oder sie.»

Die dunklen Augen sahen mich direkt an. «Glaubst du denn nicht, daß du geführt wirst, wenn du das wirklich lernen willst?»

«Klar werde ich geführt, werden wir es nicht alle? Ich habe immer gefühlt, daß irgend etwas über mich wacht.»

«Und du meinst, du wirst zu einem Lehrer geführt, der dir helfen kann?»

«Ja, wenn dieser Lehrer nicht zufällig ich selbst bin.»

«Könnte sein, daß genau das geschieht», sagte er . . .

Gewimmel und Ansammlungen von Menschen, Ströme von Leuten, die sich über einen Menschen, der mitten darin stand, ergossen. Dann wurde aus den Menschen ein Meer, aber anstatt darin zu ertrinken, wandelte er über den Wellen, pfiff leise vor sich hin und verschwand. Das Meer aus Wasser wurde zu einem See aus Gras. Eine weiß-goldene Travel Air glitt herab und landete auf der Wiese, der Pilot stieg aus dem Cockpit und stellte ein Transparent auf: Rundflüge 3 $.

Es war drei Uhr früh, als ich aus dem Traum aufschreckte, mich dann an alles erinnerte und aus einem rätselhaften Grunde glücklich war. Ich öffnete die Augen und sah im Mondlicht die große Travel Air neben der Fleet stehen. Shimoda saß auf seiner Bettrolle in genau derselben Haltung wie damals, als ich ihm begegnet war, und lehnte sich an das linke Rad seiner Maschine. Ich konnte ihn nicht klar erkennen, aber ich wußte, daß er da war.

«Nun, Richard», klang seine Stimme hinüber zu mir durch das Dunkel, «hast du jetzt begriffen, was hier vor sich geht?»

«Begriffen? Inwiefern?» fragte ich noch ganz schlaftrunken. Es war mir nicht aufgefallen, daß er noch wach war.

«Ich meine deinen Traum. Der Mann und die Menschenmenge und das Flugzeug», erklärte er geduldig. «Du warst neugierig und wolltest alles über mich wissen. Nun weißt du es, richtig? Es hat in der Zeitung gestanden: Donald Shimoda, der, den sie am Ende den Mechaniker-Messias nannten, die amerikanische Offenbarung, verschwand eines Tages vor den Augen einer fünfundzwanzigtausendköpfigen Menschenmenge.»

Jawohl, ich entsann mich. Ich hatte es am Zeitungskiosk einer kleinen Stadt im Staate Ohio gelesen, und nur, weil es in Balkenlettern auf der Titelseite stand.

«Donald Shimoda?»

«Zu Ihren Diensten», erwiderte er. «Und jetzt weißt du es und brauchst dir über mich nicht mehr den Kopf zu zerbrechen.»

Ich dachte lange darüber nach und schlief dann ein.

«Ist es denn gestattet . . . ich meine . . . daß du, der Messias, in diesem Geschäft bist? Du solltest doch die Welt erlösen, stimmt's? Ich wußte nicht, daß der Messias einfach seine Schlüssel zurückgeben und aussteigen kann.» Ich saß gerade auf der Haube der Fleet und guckte hinunter auf meinen seltsamen Kameraden. «Wirf mir doch einen Achter-Schlüssel rauf, Don.»

Er kramte in seiner Werkzeugtasche und warf den Schraubenschlüssel hoch. Es war genauso wie bei all den anderen Werkzeugen an diesem Vormittag: Er warf das Handwerkszeug herauf zu mir, es verlangsamte seinen Flug und tanzte einfach ein paar Zentimeter vor meiner Nase in der Luft, es schwebte gewichtlos, lässig im Äther. Aber im Moment, da ich das Werkzeug anfaßte, nahm es in meiner Hand Gewicht an und wurde zu einem normalen, verchromten Drehmomentschlüssel aus Vanadium-Stahl. Nun, vielleicht doch nicht zu einem ganz normalen. Seit mir nämlich ein billiger Sechzehner-Schlüssel in der Hand abbrach, habe ich mir nur die besten Werkzeuge angeschafft, die es zu kaufen gibt . . ., und dieser spezielle Schraubenschlüssel ist mit einer Knarre versehen. Jeder Mechaniker weiß, daß das kein normaler Schraubenschlüssel ist, er könnte genauso aus purem Gold sein, so stolz ist sein Preis, aber es ist eine Wonne, mit ihm zu arbeiten. Er wird nie abbrechen, einerlei, was man mit ihm anstellt.

«Gewiß kannst du aussteigen! Du kannst alles hinwerfen,

wenn du es dir anders überlegt hast. Du kannst auch aufhören zu atmen, wenn du es durchaus willst.» Er ließ einen Steckschlüssel zum Spaß in der Luft schweben. «Nun, ich bin eben als Messias ausgestiegen, und wenn es so aussieht, als wollte ich mich rechtfertigen, so liegt es vielleicht daran, daß ich mich immer noch angegriffen fühle und mich verteidigen muß. Lieber das, als weitermachen und es hassen. Ein guter Messias haßt nichts und kann auf jedem gewünschten Pfad wandeln. Jeder Mensch kann das. Sind wir nicht allesamt Kinder Gottes oder, wenn du willst, Kinder des Seins oder in gewisser Weise Wunschvorstellungen oder wie immer du es ausdrücken willst?»

Ich zog die Zylinderflanschmuttern des Kinnermotors an. Der alte B-5 ist ein zuverlässiges Triebwerk, aber diese Muttern haben die Angewohnheit, sich nach etwa hundert Flugstunden zu lockern, und es zahlt sich aus, ihnen immer um eine Nasenlänge voraus zu sein. Und richtig, die erste, an die ich den Schraubenschlüssel legte, ließ sich um eine Vierteldrehung anziehen, und ich beglückwünschte mich, sie an jenem Vormittag alle überprüft zu haben, ehe ich Fluggäste an Bord nahm.

«Gewiß, Don, du hast recht, aber mir kommt es so vor, als ob sich der Job eines Messias doch von anderen unterscheidet, oder? Es ist, als ob Jesus wieder Zimmermann würde und Nägel einhiebe. Vielleicht klingt es nur ein wenig merkwürdig.»

Er dachte über meine Worte nach, er wollte meinen Standpunkt verstehen. «Ich kann dich nicht begreifen. Schließlich ist es ja auch merkwürdig, daß er es nicht aufgab, als sie ihn das erstemal Erlöser nannten. Anstatt sich diese Warnung zu Herzen zu nehmen und zu verschwinden, versuchte er es auf logischem Wege. ‹Gut, ich bin nun einmal Gottes Sohn, aber sind wir es nicht alle? Ich bin euer Erlöser, aber ihr seid es auch! Was ich vollbringe, das kann jeder.› Und jeder, der seine fünf Sinne beisammen hat, begreift es.»

Oben auf der Motorhaube war es zwar heiß, aber das störte mich nicht. Wenn ich etwas fertigbringen will, empfinde ich es nicht als Arbeit. Ich bin zufrieden, wenn ich weiß, daß die Zylinder sich nicht mehr selbständig machen können.

«Sag, daß du noch einen Schraubenschlüssel brauchst», meinte er.

«Ich brauch aber keinen. Und außerdem bin ich aufgeklärt genug, um diese Zauberkunststückchen als Gesellschaftsspiele einer nur mäßig entwickelten Seele zu betrachten, lieber Shimoda. Allenfalls als die eines angehenden Hypnotiseurs.»

«Hypnotiseur ist gut! Junge, Junge, du hast's beinahe erfaßt! Lieber ein Hypnotiseur als ein Messias. Was für eine fade Aufgabe. Warum ahnte ich nicht früher, wie langweilig es sein wird.»

«Du ahntest es aber», sagte ich und kam mir dabei sehr gescheit vor.

Er lachte nur.

«Hast du dir niemals Gedanken gemacht, Donald, daß es nicht so einfach sein würde . . . ich meine, die Sache hinzuschmeißen? Und daß es dir nicht gelingen würde, wie ein normaler Mensch zu leben?»

Das Lachen war ihm vergangen. «Natürlich hast du recht», sagte er und fuhr sich mit den Fingern durch sein schwarzes Haar. «Sobald ich länger an einem Ort verweile, sagen wir, länger als ein, zwei Tage, merken die Leute, daß mit mir etwas nicht stimmt. Man braucht nur meinen Ärmel zu berühren, und der unheilbar Krebskranke ist geheilt. Und ehe die Woche herum ist, bin ich wieder umgeben von Menschen. Dieses Flugzeug gibt mir die notwendige Bewegungsfreiheit. Keiner weiß, woher ich komme und wohin ich gehe. Das paßt mir in den Kram.»

«Du wirst es schwerer haben, als du denkst, Don.»

«Ach so?»

«Ja, denn heutzutage bewegen wir uns immer weiter weg vom Materiellen und hin zum Spirituellen . . . Gewiß, es ist langsam, aber es ist doch eine gewaltige Bewegung. Und darum glaube ich nicht, daß dich die Welt in Ruhe lassen wird.»

«Mich wollen sie ja nicht haben, sie wollen Wunder haben! Und die kann ich jemand anderem zeigen, und der soll dann der Messias sein. Natürlich werde ich ihm nicht auf die Nase binden, wie stur der Job ist. Und außerdem: ‹*Es gibt kein Problem, das zu groß ist, um nicht vor ihm davonzulaufen.*›»

Ich ließ mich von der Motorhaube ins Heu gleiten und zog die Muttern am dritten und vierten Zylinder an. Nicht alle waren locker, aber einige waren es doch. «Du zitierst Snoopy, den Hund, nicht wahr?»

«Ich zitiere die Wahrheit, wo immer ich ihr begegne, danke schön.»

«Du kannst aber nicht davonlaufen, Don. Was wäre, wenn ich auf der Stelle vor dir auf die Knie fiele? Was wäre, wenn ich es zum Beispiel satt hätte, an meiner Maschine herumzureparieren, und dich bäte, sie zu heilen? Bitte, du bekommst jeden Cent, den ich von nun an bis zum Sonnenuntergang verdiene, wenn du mir beibringst, wie man in der Luft schwebt. Tust du es nicht, weiß ich, daß ich zu dir beten muß: O Heiland, der Du gesandt wurdest, um meine schwere Last zu tragen!»

Er lächelte nur. Noch heute glaube ich, daß er es nicht begriffen hatte: Er konnte nicht weglaufen. Wie konnte ich das wissen, wenn er es nicht tat?

«Hast du alles gehabt, ich meine, wie man es in den Filmen von Indien sieht? Die Straßen brodelnd von Menschen, Millionen Hände, die nach dir greifen, Blumen und Weihrauch, goldene Plattformen mit silbergewirkten Behängen, auf denen du standest, wenn du sprachst?»

«Nein. Schon bevor ich mich um den Job bewarb, wußte ich, daß das nichts für mich war. Darum suchte ich mir die Vereinigten Staaten aus. Und dort gab es nur die Menschenmengen.»

Die Erinnerung tat ihm sichtbar weh, und mir tat es leid, die Sache zur Sprache gebracht zu haben. Er saß noch immer im Heu, sprach weiter, als sei ich nicht da.

«Ich wollte sagen, um Gottes willen, wenn ihr euch so nach Freiheit und Lebensfreude sehnt, erkennt ihr nicht, daß ihr sie nur in euch selber finden werdet? Ihr braucht nur zu sagen, ihr habt sie, und ihr habt sie! Richard, ich frage dich, was ist so verdammt schwierig daran? Aber sie haben nicht auf mich gehört, die meisten. Wunder – das ist wie zum Autorennen zu gehen der Unfälle wegen. Zuerst ist es nur frustrierend, danach wird es langweilig. Ich weiß wirklich nicht, wie es die anderen Erlöser ertragen haben.»

«Wenn du es so formulierst», sagte ich, «dann büßt es etwas von seinem Zauber ein.» Ich zog die letzte Mutter an und packte das Werkzeug weg. «Wohin geht es heute?»

Er stand auf und ging hinüber zu meinem Cockpit, und anstatt die toten Insekten von meiner Windschutzscheibe zu wischen, fuhr er leicht mit der Hand darüber, und die zerschmetterten kleinen Kreaturen wurden wieder lebendig und flogen davon. Seine eigene Windschutzscheibe brauchte niemals gereinigt zu werden, versteht sich, und jetzt war mir auch klar, warum sein Motor keiner Wartung bedurfte.

«Ich weiß nicht», antwortete er. «Ich weiß nicht, wohin es heute geht.»

«Was heißt das? Du kennst die Vergangenheit und kannst die Zukunft voraussagen. Du weißt genau, wo es hingeht.»

Er seufzte. «Sicher, aber ich versuche, nicht daran zu denken.»

Während ich mit den Zylindern hantierte, hatte ich mir überlegt, daß es eine gute Sache wäre, wenn ich mit diesem Typ zusammenbliebe. Dann gäbe es keine Probleme, nichts könnte schiefgehen, alles würde klappen. Aber der Ton, in dem er sagte, «aber ich versuche, nicht daran zu denken», erinnerte mich an das, was anderen Erlösern zugestoßen war, die man auf diese Welt geschickt hatte. Mein gesunder Menschenverstand schrie mir ganz unmißverständlich ins Ohr, mich nach dem Abflug südlich zu halten und von dem Mann so weit wie möglich wegzufliegen. Aber ich sagte es ja schon, man ist einsam in diesem Gewerbe, und ich war froh, ihm begegnet zu sein; jemanden gefunden zu haben, mit dem man sich unterhalten konnte und der den Unterschied zwischen einem Querruder und einem Seitenruder kannte.

Ich hätte nach Süden fliegen sollen, aber nach dem Start blieb ich doch an seiner Seite, und wir flogen nach Norden und dann nach Osten, in jene Zukunft hinein, an die er lieber nicht hatte denken wollen. RICHARD BACH

Licht in der Finsternis

Margaret Baucom aus Shreveport in Louisiana ist von Beruf private Krankenpflegerin. Sie hatte schon mehrere Nächte hintereinander einen alten Mann betreut, und normalerweise war ihre Schicht um sieben Uhr beendet. Eines schönen Morgens jedoch war die Frau des Mannes früh aufgestanden und hatte Margaret vorgeschlagen, nach Hause zu fahren und den nötigen Schlaf nachzuholen. Margaret fuhr los. Draußen war es nebelig, und sie war so müde, daß sie vergaß, die Türen von innen zu verriegeln. Sie gähnte und beschloß, nicht auf die Autobahn zu fahren, sondern eine verkehrsberuhigte Strecke zu nehmen. «Man mußte durch eine üble Gegend, aber ich nahm an, um vier Uhr morgens sei keiner mehr unterwegs», sagt sie.

Margaret hatte sich jedoch getäuscht. Müde fuhr sie durch eine heruntergekommene, dunkle Straße und hielt dann an einer Ampel, hinter dem einzigen Auto weit und breit. Beinahe umgehend öffneten sich alle Türen des Wagens vor ihr, und drei Männer stiegen aus. Langsam kamen sie auf Margaret zu, sie wirkten bedrohlich und furchteinflößend.

Ihr Herz fing an zu klopfen. Die Türen waren unverschlossen! Und sie konnte sich einfach nicht erinnern, wo sich der Schalter für die Zentralverriegelung befand.

Alles schien in Zeitlupe vor sich zu gehen, «als hätte sich ein Film oder eine Schallplatte plötzlich verlangsamt», sagt Margaret. Panisch überlegte sie, den Rückwärtsgang einzulegen oder die Männer einfach umzufahren. Aber sie war vor Angst wie gelähmt. «Gott, hilf mir . . .» Etwas anderes fiel Margaret nicht ein.

Gleich darauf sah sie hinter sich zwei gigantische Scheinwerfer, als wäre ein riesiger Achtzehntonner nur ein paar

Zentimeter hinter ihrer Stoßstange zum Stehen gekommen. Die Scheinwerfer strahlten durch das Auto und tauchten die ganze Straße in weißes Licht. Margaret blickte zu den Schaufenstern, zu dem Parkplatz ein paar Meter vor ihr . . . alles war hell erleuchtet. (. . .)

Aber wie war das möglich? Sie hatte keinen Lkw heranfahren hören, kein Motorengeräusch, kein Schalten von Gängen. Und trotz des grellen Lichts war die Nacht vollkommen still. In diesem Moment stieg auch noch der Fahrer des Wagens vor ihr aus und kam ebenfalls auf sie zu. *O Gott, bitte!* betete sie. Sie würde sterben. Sie wußte es. Dann, es war unglaublich, sah Margaret, wie der bedrohliche Ausdruck auf den Gesichtern der jungen Männer sich in furchtbare Angst, ja namenloses Entsetzen verwandelte. «Schließlich hob einer seine Hände hoch, beinahe wie eine Geste der Entschuldigung», sagt Margaret, «und stieg wieder ins Auto.» Die anderen folgten ihm, und dann rasten sie mit quietschenden Reifen um die nächste Ecke.

Margaret sank in ihrem Sitz zurück, und ihr kamen vor Erleichterung beinahe die Tränen. Es war alles so schnell gegangen! War alles nur ein Traum gewesen? Aber nein, die Scheinwerfer waren ja noch da. Langsam gab sie Gas und fuhr über die Kreuzung.

Die beiden Lichter folgten ihr und verliehen der Nacht einen beinahe . . . himmlischen Glanz. (. . .) Als sie den Wald erreichte, sah sie, wie die Lichter links abbogen und verschwanden. Nur noch ein paar Häuserblocks, und sie war zu Hause. «Ich zitterte am ganzen Leib, und mein Mann spürte sofort, daß etwas geschehen war.»

«Wo, hast du gesagt, ist der Lkw abgebogen?» fragte Bob.

«Gleich beim Wald», antwortete Margaret, doch Bob schüttelte den Kopf. «Da ist nirgendwo eine Straße.»

Margaret fragt sich nach wie vor, was die jungen Männer vor ihr in jener Nacht gesehen haben. Aber nie wird sie die stillen, unbeweglichen Scheinwerfer vergessen, die «wie ein Licht ihren Weg» erhellten.

Im November 1991 erlitt Paula Trapalis Vater einen Herzinfarkt. Für die Familie war es eine furchtbare Zeit, aber er schien sich wieder zu erholen. Im Juni zeigte er verdächtige neue Symptome und mußte ins Krankenhaus. In der Nacht vor den Tests hatte Paula ein, wie sie es beschreibt, «traumähnliches Erlebnis. Ich weiß, daß es nicht wirklich ein Traum war, aber ich habe ein Licht gesehen, und es machte mich sehr traurig.» Sie hörte keine Worte, hatte keine Vision. Paula spürte lediglich, daß etwas Furchtbares passieren würde.

Die Tests fielen nicht gut aus. Paulas Vater hatte Krebs. In den Monaten seiner Behandlung vermied Paula es, an das sonderbare Licht zu denken. Wenn es eine Botschaft war, dann war es nicht die, die sie hören wollte.

Paula hatte auch Bedenken, weil sie am Samstag, dem 22. August 1992, heiraten wollte. Ihr Vater liebte ihren Verlobten Tony und hatte sich auf die Hochzeit gefreut. «Dad, du mußt rechtzeitig gesund werden», zog Paula ihren Vater auf, «denn wenn du mich nicht zum Altar führst, dann werde ich nicht gehen.»

Ihr Vater witzelte zurück, doch am Montag, es war der 17. August, starb er.

Paula litt Seelenqualen. Nicht nur, daß sie ihren Vater verloren hatte, dieses außergewöhnliche Timing hatte auch alles noch viel schlimmer gemacht. Mittwoch nach der Beerdigung fiel sie erschöpft und aufgewühlt ins Bett. Sie konnte Tony am Samstag auf keinen Fall heiraten. Sie mußte die Hochzeit absagen.

Paula hatte mehrere Stunden unruhig geschlafen, als sie plötzlich aufwachte. Da war wieder das Licht. «Es war heller als die Sonne, es kam von der Decke und durchflutete das Zimmer von oben bis unten», sagt Paula. Aber statt Trauer fühlte sie eine unbeschreibliche Freude. Das Licht erfüllte sie, umhüllte sie mit Trost und Vergewisserung und beruhigte sie, während sie zusah, es begrüßte, sich darin *sonnte*. «Es war eine Botschaft, jedoch nicht in Worten, daß ich weitermachen sollte und daß alles in Ordnung sein würde.»

Das nächste, an das sie sich erinnern kann, war ihr Hund und wie er in das Zimmer sprang und das Licht verlosch. «Der Hund zitterte und hatte Angst. So benahm er sich sonst nur bei einem Unwetter», sagt Paula. Aber es war eine klare Nacht. Wie lange war das Licht bei ihr gewesen? Paula hatte keine Ahnung, ob eine Minute oder mehrere Stunden vergangen waren. Aber nun schlief sie ruhig, und am nächsten Tag erzählte sie ihrer Mutter, was geschehen war.

«Sonderbar . . .», murmelte Paulas Mutter.

«Warum, Mama?»

«Weil – ich weiß, das klingt verrückt –, aber letzte Nacht, als ich im Bett lag, spürte ich eine Hand auf meiner Schulter.» Wie Paula war auch ihre Mutter von Seligkeit erfüllt. Paula war an ihrem Hochzeitstag fröhlich. Fröhlich und verwundert. Wie konnte sie sich so fühlen, fragte sie sich, wenn nur fünf Tage zuvor ihre ganze Welt eingestürzt war? Und dennoch war sie glücklich. Es war, als wäre ihr Vater noch bei ihr, als gebe er ihr Halt und erfülle sie mit . . . Licht. Paula hat oft darum gebetet, daß das Licht wiederkommen möge, aber sie vermutet, daß es das nicht tun wird, wenigstens nicht in der nächsten Zeit. Sie weiß nach wie vor nicht genau, was das Licht wirklich war. War es ihr Vater? Ein Engel? Was auch immer es war, Paula ist sich sicher, daß es eine

Botschaft des Himmels war, die genau in dem Moment geschickt wurde, als sie, Tony und ihre Familie sie am nötig-
sten brauchten. «Sogar heute spüre ich den inneren Frieden
und die Fähigkeit, ‹stark zu bleiben›, obwohl ich Dad fürchterlich vermisse», sagt sie. «Ich glaube, um uns herum gibt es
überall Zeichen wie diese. Man muß sie nur als das akzeptieren, was sie wirklich sind.»   JOAN ANDERSON

Edgar Cayce, das Wunder von Kentucky

Einer der erstaunlichsten Heiler unseres Jahrhunderts war
Edgar Cayce (1877–1945), Bauernsohn aus Kentucky.
    Der schlichte, fromme, fast ein wenig einfältige Junge,
der mit zwölf Jahren wegen Lernstörungen immer noch in
der dritten Klasse war, ging mit vierzehn von der Schule ab
und arbeitete in einer Papierwarenhandlung. Als er 21 war,
bekam er eine chronische Kehlkopfentzündung, die die
Ärzte zwar benennen, aber nicht behandeln konnten. Ed-
gars Stimme war und blieb weg. Schließlich kam Al Layne,
ein Heilpraktiker und Hypnotiseur aus der Nachbarschaft,
auf die Idee, den jungen Mann in Hypnose zu versetzen und
selbst zu fragen, was man gegen seine Beschwerden unternehmen könnte.
    «Sprich mit normaler Stimme», fügte er hinzu, wohl wis-
send, daß Edgar wegen seiner Krankheit schon seit Wochen
kaum noch eine Stimme besaß. Dann geschah etwas völlig

Unglaubliches: Der Mann, der als Junge Schwierigkeiten gehabt hatte, ein so simples Wort wie «cabin» zu buchstabieren, obwohl er es gerade 500mal abgeschrieben hatte, und der von medizinischen Dingen noch weniger Ahnung hatte als von Rechtschreibung, öffnete plötzlich den Mund und erstellte mit klarer Stimme seine Diagnose: «Die inneren Kehlkopfmuskeln», so sprach er, «sind infolge eines eingeklemmten Nervs partiell gelähmt.» Kurze Pause. Dann folgte die Anweisung für die Therapie: «Dieser Zustand kann beseitigt werden, indem durch geeignete Suggestionen während der Trance die Durchblutung der entsprechenden Partien angeregt wird.»

Der zunächst seinerseits sprachlose Hypnotiseur kriegte schließlich doch den Mund wieder auf und befolgte den Therapievorschlag des Patienten. Nach wenigen Minuten lief der Oberkörper des bewußtlosen jungen Mannes dunkelrot an, ein Zeichen dafür, daß der Brustkorb durchblutet wurde.

Schließlich sagte Edgar: «Der Zustand hat sich normalisiert. Schlagen Sie nun vor, daß die Durchblutung sich ebenfalls normalisiert und daß der Körper erwachen soll.»

Layne tat, wie ihm gesagt wurde. Die dunkelrote Farbe verschwand, die Hautfarbe war wieder normal.

Edgar setzte sich hin, öffnete die Augen, hustete und sagte schließlich: «Mir geht's wieder gut. Ich kann wieder sprechen.» Offensichtlich hatte er sich selbst geheilt, ganz so, wie Al Layne sich das erhofft hatte. Aber er hatte an das, was geschehen war, keinerlei Erinnerung. Al Layne, der über das, was er während der Sitzung mit Edgar erlebt hatte, genauso verblüfft war wie dieser selbst, wollte wissen, ob es sich bei dem Erlebnis um einen einmaligen Fall gehandelt hatte, und machte die Probe aufs Exempel. Als er selbst mit einer schwierigen Diagnose nicht weiterwußte, bat er Edgar um

Hilfe. In tiefer Trance «untersuchte» Edgar die ihm unbekannte Patientin. Dann teilte er Al Layne die präzise Diagnose und auch gleich die einzig in Frage kommende Behandlungsmethode mit. Als er aus der Trance erwachte, fehlte ihm wieder jegliche Erinnerung an das, was er gesagt hatte. Aber die kleine Patientin wurde durch seine Hilfe geheilt.

Die unglaublichen Fähigkeiten des jungen Mannes sprachen sich herum wie ein Lauffeuer, und bald konnte er sich vor Patienten nicht mehr retten. Seine Diagnosen waren so präzis, seine Behandlungsvorschläge so erfolgreich (allerdings ihrer Zeit oft um Jahrzehnte voraus), daß selbst die größten Skeptiker nicht mehr daran zweifeln konnten: Cayce besaß Kräfte, die nicht von dieser Welt waren. Bald zeigte sich, daß er selbst dann Patienten helfen konnte, wenn er von ihnen nur den Namen und den Wohnort kannte. Nach Zehntausenden von gut dokumentierten Heilungen starb Edgar Cayce 1945. Er blieb eine Legende – und ein Rätsel, bis zum heutigen Tag.   UTE YORK

Das Busenwunder

Die Macht der Meditation kann Wunder wirken. Wie Wissenschaftler festgestellt haben, sind die Auswirkungen der Meditation auf die Gesundheit belegbar und ernst zu nehmen: Der Blutdruck normalisiert sich, die Ausschüttung von Streßhormonen im Blut reduziert sich, die Gehirnströme werden positiv beeinflußt. Auch das Infarktrisiko verringert sich bei regelmäßigem Meditieren, und der Alterungsprozeß verlangsamt sich.

«Ich persönlich kenne keine einzige Tätigkeit, die die Lebensqualität so sehr verbessert wie die Meditation», sagt der bekannte Arzt und Psychologe Dr. Bernie Siegel. Und dann berichtet er noch von einem verblüffenden «Busenwunder»: «Ich bekam einen Brief von einer Gruppe von Frauen, die meditierte, um den Busen zu vergrößern. Sie behaupteten, das sei tatsächlich gelungen. Aber die Erfahrungen, die sie während der Meditationen gesammelt hatten, waren für ihr ganzes Leben so einschneidend, daß die Größe ihres Busens für sie nicht mehr so wichtig war.» BERNIE SIEGEL

Das Wunder des Lachens

Im Jahre 1964 fühlte sich Mr. Cousins, Medizinredakteur bei der Zeitung *The Saturday Review*, plötzlich krank, müde und fiebrig. Als es ihm trotz aller Bemühungen auch Wochen später noch nicht besserging, überwies ihn sein Hausarzt schließlich für weitere Untersuchungen ins Krankenhaus. Dort wurde er so lange durch die Mühle der Diagnostik gedreht, bis feststand, was ihm fehlte: Norman Cousins litt am Morbus Bechterew, einer unheilbaren Erkrankung der Wirbelsäule, die im Laufe der Zeit zu schweren und äußerst schmerzhaften Versteifungen und Verformungen der Gelenke führt.

Bei Mr. Cousins kam dieser Zeitpunkt sehr schnell. Binnen kurzem wurden die Schmerzen so stark, daß er nicht mehr schlafen konnte. Weil die Krankheit so rasch voranschritt, hatten die Ärzte keine Hoffnung, daß er je wieder genesen würde, und das teilten sie ihm auch ganz offen mit.

Cousins war zunächst am Boden zerstört. Doch als Medizinjournalist wußte er natürlich, daß Streß und depressive Stimmungen die Widerstandskraft des Körpers noch zusätzlich schwächen, und weil er weiterleben wollte, bemühte er sich nach Kräften, seine negativen Gefühle zu überwinden. Da kam ihm plötzlich eine Idee. Wenn negative Stimmung eine Krankheit nachweislich verschlimmerte – wäre dann nicht auch das Gegenteil möglich? Könnte es nicht auch sein, daß eine positive Stimmung den Heilungsprozeß ankurbelte?

Und weil er ja nichts mehr zu verlieren hatte, beschloß er, daß das immerhin einen Versuch wert wäre. Künftig wollte er nur das tun, was ihn fröhlich machen würde. Als erstes zog er aus dem Krankenhaus aus, mietete ein komfortables Hotelzimmer in der Nähe und stellte eine eigene Krankenschwester ein, von der wir annehmen dürfen (obgleich das nirgends erwähnt wird), daß es sich um eine hübsche junge Frau handelte . . . Im Krankenhaus, erklärte er, könnte er nie und nimmer gesund werden. Sein Arzt, der ein ungewöhnlicher Mann gewesen sein muß, erklärte sich bereit, ihn bei seinem Kampf in jeder Weise zu unterstützen.

Sie setzten fast alle Medikamente ab. Mr. Cousins nahm nun nichts weiter ein als hohe Dosen von Vitamin C. Dann überlegte er, was er noch dazu beitragen könnte, um seine Stimmung zu heben. Und weil auch er, wie jedermann, schon einmal gehört hatte, daß Lachen die beste Medizin sei, machte er sich daran, alles menschenmögliche zu tun, um so oft, so lauthals und so herzlich wie möglich zu lachen. Er ließ sich einen Filmprojektor aufs Zimmer stellen (damals gab es noch keine Videos) und schaute sich stundenlang Filme von den Marx Brothers und anderen wunderbar albernen Slapstick-Komödien an, so lange, bis er alle auswendig kannte und trotzdem noch lachen mußte. Er las stapelweise Comics, ließ sich von der Krankenschwester heitere Bücher vorlesen und versäumte im Fernsehen keine Folge der Erfolgsserie «Versteckte Kamera», bei der sich die Zuschauer, meist auf Kosten anderer, buchstäblich kranklachten. Norman Cousins lachte sich allerdings nicht krank. Im Gegenteil – er lachte sich buchstäblich gesund.

Zunächst fiel ihm nur auf, daß er, wenn er zehn Minuten lang herzlich gelacht hat, volle zwei Stunden tief schlafen konnte. Das war schon lange nicht mehr möglich gewesen. Ermutigt durch diesen Erfolg, hielt er seine Lachtherapie einige Monate lang durch. Nach und nach wurden seine chronischen Schmerzen immer erträglicher, eines Tages waren sie völlig verschwunden und kamen auch nicht wieder. Die verblüfften Ärzte wiederholten schließlich die Tests von früher und stellten zu ihrem größten Erstaunen fest, daß er sich eindeutig auf dem Wege der Heilung befand. Nach etlichen Monaten war Mr. Cousins so weit genesen, daß er seinen Beruf wiederaufnehmen konnte.

Als erstes veröffentlichte der Medizinjournalist im renommierten *New England Journal of Medicine* einen Bericht über seine spektakuläre Heilung, schließlich schrieb er auch ein erfolgreiches Buch darüber: *Anatomy of an Illness*. Natürlich nahmen ihm viele Mediziner nicht ab, daß er sich tatsächlich durch Lachen geheilt hatte, schließlich ließ sich das wissenschaftlich ja nicht beweisen. Statt dessen sprachen sie, wie immer, wenn sie eine Heilung nicht erklären konnten, weil sie allen Regeln widerspricht, lieber von «Spontanremission». Andere nahmen ihn ernst genug, um die Auswirkungen des Lachens auf die Gesundheit zum Gegenstand wissenschaftlicher Forschung zu machen, und fanden immerhin heraus, daß Lachen die Bildung von Antikörpern in den oberen Atemwegen anregt und die Aktivität der Lymphozyten und der natürlichen «Killerzellen» steigert, die Viren und Tumoren bekämpfen.

Doch die Klügsten unter den Wissenschaftlern dachten darüber nach, was sie dazu beitragen könnten, daß die Patienten in den Krankenhäusern mehr zu lachen haben. Dummerweise war das Problem nicht so leicht zu lösen, weil fast alle Patienten im Krankenhaus unterschiedliche Vorstellungen darüber haben, was sie lustig finden, aber allein die Bemühungen waren lobenswert.

Norman Cousins dürfte über alle diese Versuche gelächelt haben. Er zog sich nach seiner Heilung vom Journalismus zurück und nahm einen Lehrauftrag an der Medizinischen Fakultät der Universität von Kalifornien an. Dort sollte er jungen Ärzten beibringen, wie wichtig Glauben, Vertrauen, Selbstbestimmung und positive Energien für die Heilung sind. Wir können davon ausgehen, daß ihm das glänzend gelungen ist. Norman Cousins starb im Jahre 1990 mit 78 Jahren.   UTE YORK

Der Kreis der Liebe

Im November 1991 bemerkte Dianne Mistleske erste Anzeichen von Malaria. Es ängstigte sie nicht sonderlich, sie sorgte sich nur, daß ihr Leben als Ehefrau, Mutter und Mitarbeiterin bei Habitat, einer Hilfsorganisation, für kurze Zeit unterbrochen würde.

«Ich hatte oft Malaria gehabt, als ich noch Laienmissionarin in Tansania war, und ich wußte, man fühlte sich schon bald nach Beginn der Behandlung besser», sagt sie. Also begab sie sich für fünf Tage in ein Krankenhaus und wurde dann nach Hause geschickt, sie war angeblich auf dem Weg der Besserung.

«Zuhause» war jedoch nicht der normale amerikanische Alltag, das gewöhnliche amerikanische Leben, sondern Botswana in Afrika. Dianne hatte nach dem College für eine Missionsorganisation in Minneapolis gearbeitet und dort ihren zukünftigen Mann kennengelernt. «John trat schließlich ins Friedenskorps ein und ging für zwei Jahre nach Botswana», sagt Dianne. «Als er zurückkehrte, heirateten wir und beschlossen, wieder nach Übersee zu gehen.» Sie wurden noch einmal für zwei Jahre zurück nach Afrika geschickt.

«Es gibt dort ein Sprichwort, in dem es heißt, wenn man sich einmal an den Dornen Afrikas sticht, hat man Afrika für immer im Blut», sagt Dianne lächelnd. Sie wußte nicht, daß sich ihre Arbeit für das Friedenskorps zu einer Lebensaufgabe entwickeln würde.

Genauso kam es jedoch – aber erst, als die Zeit der Mistleskes dort abgelaufen war und sie zurückkehrten, um an einer Schule in New Mexico zu unterrichten. Sie vermißten Afrika so sehr, daß sie für mehrere Aufträge dorthin zurückkehrten und sich schließlich in Botswana niederließen, wo sie das Projekt für Habitat leiteten, einer weltweiten philanthropischen Organisation, die ihre Basis in Georgia hat und Unterkünfte für in Not geratene Menschen errichtet.

Innerhalb von nur zwei Jahren wuchs ihre anfangs kleine Familie auf sieben Personen an. «Da mir gesagt worden war, ich könnte nicht schwanger werden, adoptierten wir zwei Kinder in Afrika», sagt Dianne. Kurz darauf wurde Dianne zweimal schwanger! Schließlich rundete ein drittes Adoptivkind die Familie ab. Es war also ein munteres und ausgefülltes Leben, das Dianne wieder aufnehmen wollte, sobald sie sich von der Malaria erholt hatte. Mit ihrer Buchhaltung und der Arbeit mit Familien, die Habitat als Hauseigentümer ausgewählt hatte, war sie schon weit im Rückstand. Sie wollte so schnell wie möglich alles nachholen. Aber aus einer Woche wurden rasch drei. Dianne fühlte sich schwächer und schwächer, und eines Morgens sah sie ganz unnatürlich gelb aus. Die Malaria hatte zu akuter Hepatitis geführt.

Auf drei Wochen im Krankenhaus folgten zwei Monate zu Hause. Sie versuchte sich zu fangen, aber sie war nach wie vor vollkommen erschöpft und hatte Schmerzen in der Leber. «Viele Leute, die schon Hepatitis gehabt hatten, sagten mir, man erhole sich nur langsam», sagt Dianne, «und ich zwang mich, meine Verantwortungen für Familie, Haus und Arbeit zu erfüllen.» Aber jeder neue Tag war wie das Besteigen eines Berges. Die Schmerzen und die Müdigkeit ließen nicht nach.

In den Monaten Juli und August hielt sich ihr Arzt in den Vereinigten Staaten auf, und Dianne verpaßte die üblichen Lebertests. Auch hatte sie das Gefühl, sie mache Rückschritte, und «jede Kleinigkeit wurde mir zur Qual». Im September suchte sie schließlich einen Spezialisten auf.

«Sie müssen für weitere Tests nach Johannesburg», sagte er.

«Steht es sehr schlecht?» fragte Dianne.

«Sie haben möglicherweise eine chronische Hepatitis oder einen Tumor, vielleicht sogar Krebs oder die Nachwirkungen von rheumatischer Arthritis», sagte er sanft. «Ja, Sie leiden an einer akuten Leberunterfunktion, und es ist ernst.»

Dianne und John hatten schon immer an die Kraft von Gebeten geglaubt. Und nun machten sie die Probe aufs Exempel. Sie telefonierten mit der Familie und Freunden, der Kirchengemeinde und dem Personal des Habitat in den USA. «Betet» war das Wort, das um die Welt ging, an alle Menschen in all den kleinen Städten, in denen die Mistleskes gearbeitet und anderen geholfen hatten. «Jetzt müssen wir Dianne helfen.»

Dann waren die Nachbarn an der Reihe, Muslime und Hindus, einige von ihnen waren Lehrer, andere freiwillige Mitarbeiter des Habitatprojekts. Der Sozialarbeiter, der ihre kleine Tochter gefunden hatte, die Ladenbesitzer, von denen sie jeden Tag freundlich begrüßt wurden, die Kinder. Als sie sich auf Johannesburg vorbereiteten, spürten John und Dianne die Liebe all dieser Menschen um sie herum, die ihnen Mut machte und Auftrieb gab. Sie konnten mit allem fertig werden, was immer es war, dessen waren sie sich sicher. Gott und Seine Leute waren bei ihnen.

Während der folgenden Woche in Johannesburg machte Dianne alle Tests mit, die es gab. Die verblüffende Diagnose lautete: Ihr fehlte nichts. Überhaupt nichts.

«Ihre Leber ist völlig normal», teilte ihr der Arzt schließlich mit.

«Wie kann das sein?» fragte sie, und die Tränen liefen ihr über das Gesicht.

Er hob die Schultern. «Ich habe keine Erklärung dafür.»

«Ich weiß, daß Gott mich aus einem bestimmten Grund geheilt hat, und ich bete, daß ich erkennen werde, wie ich Ihm folgen und Ihn lieben kann», sagt Dianne heute, die in Botswana viel zu tun hat und vor Gesundheit strotzt. «Ich bin überwältigt, wie viele hilfsbereite Menschen zu diesem Wunder beigetragen haben.»

Denn auch dies ist ein Wunder. Ein weniger leicht erkennbares vielleicht, aber nichtsdestotrotz ein echtes Wunder. Für eine kurze Zeit wurden Gebetsteppiche ausgerollt, Räucherstäbchen angezündet, und Trommeln und Gesänge erklangen; manche lasen aus der Bibel, andere beteten den Rosenkranz, wieder andere zündeten geweihte Kerzen an und hielten sich an den Händen. Menschen aller Hautfarben und aller Glaubensrichtungen. Und für Dianne haben sie sich miteinander verbunden.

Vielleicht ist das nur der Anfang.   JOAN WESTER

Die 14 Nothelfer

Von der kleinen steinernen Kirche auf dem Hügel wandelten sie bergab.

Es war sehr früh am Morgen, die Stunde vor der Dämmerung. Noch war niemand auf den Beinen, der sie hätte erblicken können, als sie durch das Dorf gingen, nur ein oder zwei Schläfer seufzten und rührten sich im Schlaf. Das einzige menschliche Wesen, das sie an jenem Morgen sah, war Jacob Narracott, der sich grunzend im Straßengraben aufrappelte. Er war letzte Nacht, kurz nachdem er den «Goldenen Drachen» verlassen hatte, hineingefallen.

Er richtete sich auf, rieb sich die Augen und konnte nicht recht glauben, was er sah. Taumelnd kam er auf die Füße und watschelte in Richtung seiner Kate, ganz verwirrt durch den Streich, den seine Augen ihm gespielt hatten. Auf der Kreuzung traf er George Palk, den Dorfpolizisten, der seine Runde machte.

«Du kommst spät nach Haus, Jacob. Oder sollte ich sagen früh?» grinste der Polizist.

Jacob stöhnte und wiegte den Kopf in beiden Händen.

«Die Regierung hat was mit dem Bier gemacht», versicherte er. «Wieder damit rumgepanscht. Ich hab mich früher nie so gefühlt.»

«Was wird deine bessere Hälfte sagen, wenn sie dich um diese Zeit nach Hause torkeln sieht?»

«Die wird gar nichts sagen. Die ist zu Besuch bei ihrer Schwester.»

«Und da hast du die Gelegenheit ergriffen, das neue Jahr einzuläuten?»

Jacob brummte. Dann sagte er unsicher: «Hast du eben 'nen Haufen Leute gesehen, George? Die Straße runterkommen?»

«Nein, was für Leute?»

«Komische Leute. Merkwürdig angezogen.»

«Meinst du Punker?»

«Ne, keine Punker. Anders. Irgendwie altmodisch. Paar davon trugen so Zeugs.»

«Was für Zeugs?»

«'n großes Holzrad hatte eine – eine Frau. Und ein Mann

mit einem Bratrost. Und 'n Mädchen, gar nicht schlecht sah die aus, prima angezogen, mit 'nem Korb voll Rosen.»

«Rosen? Zu dieser Jahreszeit? War das so was wie 'ne Prozession?»

«Genau. Und Lichter auf dem Kopf hatten sie.»

«Jetzt reicht's aber, Jacob. Du siehst Gespenster. Geh nach Haus, halt deinen Kopf unter den Wasserhahn und schlaf deinen Rausch aus.»

«Das Komische ist – ich hab das Gefühl, als ob ich die schon mal irgendwo gesehen hätte. Aber ich kann mich ums Verrecken nicht erinnern, wo.»

«Vielleicht Demonstranten?»

«Ich sag dir doch, die waren alle prima in Schale, bloß 'n bißchen komisch. Vierzehn waren's im ganzen. Ich hab sie gezählt. Gingen meist paarweise.»

«Klar, wahrscheinlich 'ne Silvestergesellschaft auf dem Heimweg. Aber wenn du mich fragst – ich würde sagen, du hast im ‹Goldenen Drachen› zuviel gefeiert, und das erklärt alles.»

«Na ja, gefeiert ham wir schon», gab Jacob zu. «Hatten ja auch guten Grund. War ja schließlich nicht nur ‹Weg mit dem alten Jahr und her mit dem neuen.› Diesmal hieß es: ‹Weg mit dem alten Jahrhundert und her mit dem neuen.› Erster Januar vom Jahr Zweitausend, das ist nämlich heute.»

«Müßte eigentlich was bedeuten», sagte der Polizist.

«Noch mehr Zwangsevakuierungen, nehm ich an», murrte Jacob. «Kein Zuhause ist ja mehr sicher heutzutage. Raus mit dir, heißt's da, und ab in eine von diesen miesen Städten. Oder ab nach Neuseeland oder Australien. Nicht mal Kinder kann man mehr haben, wenn's die Regierung nicht erlaubt. Kannst nicht mal mehr Zeug in deinen eigenen Garten schmeißen, ohne daß die verflixte Gemeinde kommt und befiehlt, es auf die öffentliche Müllhalde zu kippen. Was glauben die denn, für was ein Garten da ist? Niemand behandelt einen mehr wie 'n *Mensch*, so weit ist es gekommen . . .»

Sich entfernend, polterte er noch weiter vor sich hin.

«Gutes neues Jahr», rief der Polizist ihm nach.

Die vierzehn setzten ihren Weg fort.

Die heilige Katharina trudelte ihr Rad unzufrieden vor sich her. Sie wandte den Kopf und sprach mit dem heiligen Lorenz, der seinen Rost untersuchte.

«Was soll ich eigentlich mit dem Ding anfangen?» fragte sie.

«Ich nehme an, ein Rad ist immer nützlich», sagte der heilige Lorenz etwas unsicher.

«Wofür?»

«Ich verstehe, was du meinst. Es war für die Folter gedacht, um jemandem die Knochen zu brechen.»

«Aufs Rad geflochten!» Die heilige Katharina überlief ein Schaudern. «Was wirst du mit deinem Rost machen?»

«Ich dachte mir, ich könnte ihn brauchen, um irgendwas zu kochen.»

«Pfui», rief die heilige Christina, als sie an einem toten Wiesel vorbeikamen.

Die heilige Elisabeth von Ungarn gab ihr eine ihrer Rosen. Die heilige Christina roch dankbar daran.

Die heilige Elisabeth wartete auf den heiligen Petrus. «Ich möchte mal wissen, warum wir alle paarweise gehen», sagte sie nachdenklich.

«Vielleicht sind immer die zusammen, die etwas gemeinsam haben», schlug der heilige Petrus vor.

«Etwas gemeinsam haben?»

«Also, wir sind beide Lügner», sagte Petrus vergnügt.

Trotz der einen Lüge, die niemals vergessen werden würde, war der heilige Petrus ein sehr ehrlicher Mensch. Er kannte die Wahrheit über sich selbst.

«Ich weiß, ich weiß!» rief Elisabeth. «Aber ich kann es nicht ertragen, mich daran zu erinnern. Wie konnte ich damals nur so feige sein, so schwach? Warum habe ich mich nicht mutig hingestellt und gesagt: ‹Ich bringe den Hungrigen Brot›? Statt dessen schreit mein Gemahl mich an: ‹Was hast du in dem Korb?›, und ich zittere und stammle: ‹Nichts als Rosen›, und er deckt den Korb auf –»

«Und da waren es Rosen», sagte Petrus freundlich.

«Ja. Ein Wunder war geschehen. Warum hat der Herr das für mich getan? Warum hat er meine Lüge hingenommen? Warum? Oh, warum?»

Der heilige Petrus blickte sie an. «Damit du es niemals vergißt», sagte er. «Damit niemals Stolz in dir aufkommt. Damit du weißt, daß du schwach warst und nicht stark. Auch ich» – er hielt inne und fuhr dann fort – «ich, der ich so sicher war, daß ich ihn niemals verleugnen könnte, so sicher, daß ich, mehr als alle anderen, standhaft sein würde! Ich war derjenige, der leugnete und diese feigen Lügenworte sprach. Warum hat er mich auserwählt – einen Menschen wie mich? Hat sogar seine Kirche auf mich gegründet – warum?»

«Das ist doch einfach», sagte Elisabeth. «Weil du ihn liebtest. Ich glaube, du hast ihn mehr geliebt als jeder der anderen.»

«Ja, ich habe ihn geliebt. Ich war einer der ersten, der ihm folgte. Ich saß beim Netzeflicken, und ich sah auf, und da stand er und beobachtete mich. Und er sagte: ‹Folge mir nach.› Und ich folgte ihm. Ich glaube, ich habe ihn vom allererersten Moment an geliebt.»

«Du bist so ein netter Mensch», sagte Elisabeth.

Der heilige Petrus schwang zweifelnd seinen Schlüsselbund.

«Ich bin mir nicht sicher über diese Kirche, die ich gegründet habe . . . Sie ist nicht so herausgekommen, wie wir uns das gedacht hatten.»

«Das tun die Dinge nie. Weißt du», fuhr Elisabeth nachdenklich fort, «heute tut es mir leid, daß ich damals den Aussätzigen ins Bett meines Gemahls gelegt habe. Damals kam es mir als gute Tat der Glaubensverteidigung vor. Aber in Wirklichkeit – also sehr nett war es wohl nicht, oder?»

Die heilige Apollonia blieb plötzlich stehen.

«Entschuldigung», sagte sie. «Ich habe meinen Zahn verloren. Das ist das Dumme dran, wenn man nur ein so kleines Wahrzeichen hat.»

Sie rief: «Antonius, komm her und finde ihn wieder.»

Inzwischen waren sie im Land der Heiligen angekommen, und als sie dessen ganz eigenen Duft einatmeten, jubelte die heilige Christina laut. Die heiligen Vögel sangen, und die Harfen klangen.

Aber die vierzehn hielten sich nicht auf. Sie eilten zum Gerichtshof.

Der Erzengel Gabriel empfing sie.

«Das Gericht tagt bereits», sagte er. «Tretet ein.»

Der Gerichtssaal war hoch und luftig, die Wände aus Nebel und Wolken.

Der protokollführende Engel schrieb in sein goldenes Buch. Er legte es beiseite, öffnete das Hauptbuch und sagte: «Namen und Adressen, bitte.»

Sie sagten ihm ihre Namen und gaben ihm ihre Adresse. St.-Peter-auf-dem-Hügel, Buckland, Großbritannien.

«Tragt eure Bitte vor», forderte der protokollführende Engel sie auf.

Der heilige Petrus trat vor. «Unruhe ist über uns gekommen. Wir wollen auf die Erde zurück.»

«Ist der Himmel nicht gut genug für euch?» fragte der protokollführende Engel, und in seiner Stimme schwang ein leichter Anflug von Sarkasmus mit.

«Er ist zu gut für uns.»

Der protokollführende Engel rückte seine goldene Perücke zurecht, setzte seine goldene Brille auf und sah mit Mißbilligung über deren Rand.

«Stellt ihr die Entscheidung eures Schöpfers in Frage?»

«Das würden wir nicht wagen – aber es gab da eine Regel –»

Erzengel Gabriel, Vermittler und Fürbitter zwischen Himmel und Erde, erhob sich.

«Darf ich hier eine gesetzliche Frage zu bedenken geben?»

Der protokollführende Engel nickte mit dem Kopf.

«Durch göttliche Verfügung wurde erlassen, daß im Jahre tausend nach Christus und in jedem folgenden tausendsten Jahr alle vor ein Sondergericht gebrachten Fragen neu beurteilt und entschieden werden sollen. Heute beginnt das zweite Jahrtausend. Ich gebe zu bedenken, daß jede Person, die je auf Erden gelebt hat, heute das Recht hat, angehört zu werden.»

Der protokollführende Engel öffnete einen dicken goldenen Folianten und studierte darin. Als er ihn schloß, sagte er: «Tragt euren Fall vor.»

Der heilige Petrus sprach: «Wir sind für unseren Glauben gestorben. Wir wurden belohnt. Belohnt weit über unsere Verdienste hinaus. Wir –» er zögerte und wandte sich zu einem jungen Mann mit schönem Gesicht und brennenden Augen. «Erklär du das.»

«Es war nicht genug», sagte der junge Mann.

«Eure Belohnung war nicht genug?» Der protokollführende Engel sah empört aus.

«Nicht unsere Belohnung. Unser Verdienst. Für seinen Glauben zu sterben, ein Heiliger zu sein, genügt nicht, um das ewige Leben zu verdienen. Du kennst meine Geschichte. Ich war reich. Ich gehorchte dem Gesetz. Ich hielt die Gebote. Es war nicht genug. Ich ging zum Herrn. Ich sagte zu ihm: ‹Herr, was muß ich tun, um das ewige Leben zu erlangen?›»

«Es wurde dir gesagt, was du tun mußtest, und du hast es getan», sagte der protokollführende Engel.

«Es war nicht genug.»

«Du hast mehr getan. Du hast deinen ganzen Besitz den Armen gegeben und dann den Jüngern bei ihrer Mission geholfen. Du wurdest zum Märtyrer, zu Tode gesteinigt in Ephesos.»

«Es war nicht genug.»

«Was mehr willst du noch tun?»

«Wir hatten Glauben – brennenden Glauben. Wir hatten den Glauben, der Berge versetzt. Zweitausend Jahre haben uns gelehrt, daß wir mehr hätten tun können. Wir haben nicht immer genug Mitgefühl gehabt . . .»

Das Wort kam von seinen Lippen wie der Windhauch von einem Blütenmeer. Es wisperte durch den Himmel . . .

«Dies ist unsere Bitte: Laß uns zurückgehen auf die Erde und in Mitgefühl und Mitleid denen helfen, die Hilfe brauchen.»

Ein Murmeln des Einverständnisses kam von den um ihn Stehenden.

Der protokollführende Engel nahm den goldenen Telefonhörer auf und sprach leise murmelnd hinein.

Er lauschte . . .

Dann sprach er – knapp und mit Autorität.

«Erhöht und von höchster Stelle genehmigt.»

Mit leuchtenden Gesichtern wandten sie sich zum Gehen.

«Gebt eure Kronen und Heiligenscheine an der Tür ab.»

Sie gaben ihre Kronen und Heiligenscheine ab und verließen den Gerichtssaal. Der heilige Thomas kam noch einmal zurück.

«Entschuldigung», sagte er höflich. «Aber sagtet ihr vorhin *erhört* oder *erhöht*?»

«Erhöht. Nach zweitausend Jahren Heiligkeit werdet ihr um eine Rangstufe erhöht.»

«Vielen Dank. Ich *dachte*, Ihr sagtet erhöht. Aber ich wollte ganz *sicher* sein.»

Und er folgte den anderen.

«Er mußte schon immer sichergehen», sagte Gabriel. «Manchmal frage ich mich wirklich, wie es wohl ist, wenn man eine unsterbliche Seele hat . . .»

Der protokollführende Engel war entsetzt.

«Nimm dich in acht, Gabriel. Du weißt, wie es Luzifer erging.»

«Ich kann nichts dafür, aber manchmal tut mir Luzifer ein bißchen leid. Im Rang niedriger als Adam zu stehen muß ihn doch gewaltig stören. Aber mit Adam war ja auch nicht gerade viel los, nicht wahr?»

«Ein unbedeutender Typ», bestätigte der protokollführende Engel. «Aber er und alle seine Nachkommen sind nach dem Ebenbild Gottes gemacht, mit unsterblichen Seelen. Sie *müssen* im Rang über den Engeln stehen.»

«Ich hab mir oft gedacht, daß Adam eine sehr kleine Seele haben muß.»

«Schließlich muß alles mal irgendwie anfangen», wies ihn der protokollführende Engel zurecht.

Mrs. Badstock zog und zerrte. Der Geruch der Abfallhalde des Dorfes war nicht angenehm. Ein häßlicher Berg von alten Reifen, kaputten Stühlen, Lumpen, zerbeulten Büchsen und zerbrochenen Bettgestellen. Alles Dinge, die niemand mehr haben wollte. Aber Mrs. Badstock stocherte hoffnungsvoll darin herum. Wenn der alte Kinderwagen noch zu reparieren wäre – sie zerrte erneut, und er löste sich . . .

«Mist!» sagte Mrs. Badstock. Der obere Teil des Kinderwagens war gar nicht so schlecht, aber die Räder fehlten.

Sie schmiß ihn ärgerlich beiseite.

«Kann ich Ihnen helfen?» kam eine Frauenstimme aus der Dunkelheit.

«Zwecklos. Das blöde Ding hat keine Räder mehr.»

«Sie brauchen ein Rad? Ich habe eins dabei.»

«Danke, Herzchen. Aber ich brauche vier. Und Ihres ist sowieso viel zu groß.»

«Deshalb dachte ich, ich könnte vielleicht vier draus machen – mit ein bißchen Ändern.» Die Finger der Frau strichen zupfend und ziehend über das Rad.

«So! Wie finden Sie das?»

«Na, so was! Wie haben Sie denn . . . Wenn ich jetzt noch Nägel oder Schrauben hätte . . . Ich hol mal meinen Mann –»

«Ich glaube, ich kann das auch.» Die Frau beugte sich über den Kinderwagen. Mrs. Badstock schaute genau hin und versuchte zu sehen, was passierte.

Die Frau richtete sich plötzlich auf. Der Kinderwagen stand auf vier Rädern.

«Jetzt braucht er noch etwas Öl und muß innen neu ausgeschlagen werden.»

«Das ist kein Problem! Was für eine Wohltat das sein wird! – Ein netter kleiner Heimwerker sind Sie, Herzchen. Wie haben Sie das bloß hingekriegt?»

«Ich weiß es eigentlich auch nicht so genau», sagte die heilige Katharina ausweichend. «Es ist halt einfach – passiert.»

Die hochgewachsene Frau im Brokatkleid sagte gebieterisch: «Bringt sie ins Haus!»

Der Mann und die Frau schauten sie mißtrauisch an und die sechs Kinder auch.

«Die Gemeinde wird uns schon irgendwo unterbringen», sagte der Mann mürrisch.

«Aber die werden uns auseinanderreißen», meinte die Frau.

«Und das wollen Sie nicht?»

«Natürlich wollen wir das nicht!»

Drei der Kinder begannen zu heulen.

«Haltet euren verdammten Mund», sagte der Mann, aber ohne Groll.

«Ham uns schon lange angedroht, uns rauszusetzen», sagte er. «Jetzt ham'ses gemacht. Dauernd über die Miete gezetert. Ich hab was Besseres mit meinem Geld vor, als Miete zu zahlen. Typisch für die Gemeinde.»

Ein netter Mann war das nicht. Auch seine Frau war nicht gerade nett, dachte die heilige Barbara. Aber sie liebte ihre Kinder.

«Ihr könnt alle mit zu mir kommen», sagte sie.

«Wohin denn?»

«Da oben», zeigte sie.

Sie wandten sich alle um und schauten.

«Aber – das ist ja ein *Schloß*», rief die Frau in ehrfürchtigem Ton aus.

«Ja, es ist ein Schloß. Ihr seht, daß da viel Platz ist . . .»

Der heilige Cyriakus stand etwas unschlüssig am Meer. Er war sich nicht ganz sicher, was er mit seinem Lachs anfangen sollte.

Er konnte ihn natürlich räuchern – dann wäre er länger haltbar. Die Schwierigkeit war nur, daß eigentlich bloß die Reichen geräucherten Lachs mochten, und die Reichen hatten wirklich schon genug. Die Armen mochten Lachs lieber in Dosen. Vielleicht –

Der Lachs wand sich in seiner Hand, und der heilige Cyriakus schrak zusammen.

«Herr», sagte der Lachs.

Der heilige Cyriakus betrachtete ihn.

«Ich habe seit bald tausend Jahren das Meer nicht mehr gesehen», sagte der Lachs flehend.

Der heilige Cyriakus lächelte ihm liebevoll zu. Dann watete er ins Meer und setzte den Lachs behutsam ins Wasser.

«Geh mit Gott», sagte er.

Er watete an den Strand zurück und stolperte beinahe über einen großen Haufen von Lachskonserven – und eine purpurne Blume steckte oben drin . . .

Die heilige Christina schritt eine belebte Straße hinab. Der Verkehr brauste an ihr vorbei, die Luft war voller Abgase.

«Das ist ja schrecklich», rief die heilige Christina und hielt sich die Nase zu. «Dagegen muß ich etwas tun. Und warum leert man die Abfalleimer nicht öfter?» Sie überlegte. «Vielleicht sollte ich dem Parlament einen Besuch abstatten . . .»

Der heilige Petrus war damit beschäftigt, seinen Stand für Brot und Fisch aufzuschlagen.

«Rentner zuerst», rief er. «Komm nur her, Opa.»

«Sind Sie von der Wohlfahrt?» fragte der alte Mann mißtrauisch.

«So was Ähnliches.»

«Aber nichts mit Religion, oder? Singen tu ich nicht.»

«Wenn das Essen verteilt ist, werde ich predigen. Aber Sie brauchen ja nicht zu bleiben und zuzuhören.»

«Klingt ganz ordentlich. Über was werden Sie denn predigen?»

«Über etwas ganz Einfaches. Nur darüber, wie man das ewige Leben erreicht.»

Ein junger Mann lachte schallend.

«Das ewige Leben! Schöne Hoffnung, das!»

«Ja», sagte Petrus fröhlich und verteilte Portionen von heißem Fisch. «Es *ist* eine Hoffnung. Denkt daran. Es gibt immer Hoffnung.»

In der Kirche St.-Peter-auf-dem-Hügel saß der Pfarrer betrübt in einer Kirchenbank und beobachtete den selbstbewußten jungen Kunstgeschichtler, der die alten Altargemälde begutachtete.

«Tut mir leid, Hochwürden», sagte der junge Mann und wandte sich brüsk um. «Ich fürchte, das ist hoffnungslos. Bedaure, vielleicht hätte ich das nicht einfach so sagen sollen. Aber da gibt's nichts mehr zu restaurieren. Kann man nichts machen. Das Holz ist verfault, kaum mehr Farbe drauf – kaum genug, um noch zu erkennen, wie das Original mal war. Was ist es übrigens, fünfzehntes Jahrhundert?»

«Spätes vierzehntes.»

«Und was stellte es dar? Heilige?»

«Ja. Sieben auf jeder Seite.» Er zählte auf: «St. Lorenz, St. Thomas, St. Stephanus, St. Antonius, St. Petrus, St. Cyriakus und einen, den wir nicht kennen. Auf der anderen Seite: St. Barbara, St. Katharina, St. Apollonia, St. Elisabeth von Ungarn, St. Christina die Erstaunliche, St. Margareta und St. Martha.»

«Wie Sie die alle im Kopf haben!»

«Wir haben alte Kirchenbücher, wenn auch nicht in gutem Zustand. Ein paar konnten wir auch an ihren Wahrzeichen erkennen: St. Barbaras Schloß zum Beispiel und St. Lorenz' Rost. Gemalt wurden sie von einem Bruder Bernhard von der Benediktinerabtei in Froyle.»

«Tut mir leid – meine Beurteilung. Aber es geht eben alles mal dahin. Ich habe gehört, daß Ihnen reiche Gemeindemitglieder neue Altartafeln mit modernen Figuren stiften wollen?»

«Ja», sagte der Pfarrer ohne große Begeisterung.

«Haben Sie das neue Kirchenzentrum in Huddersfield mal gesehen? Die alten Kirchen waren zu ihrer Zeit ja sicher schön, aber das ist doch was ganz anderes! Man muß sich natürlich erst dran gewöhnen.»

«Sicher. Das muß man wohl.»

«Aber es ist großartig! Hypermodern. Diese alten Heiligen da» – er wedelte mit der Hand in Richtung Altar – «ich nehme an, daß heutzutage kein Mensch auch nur noch die Hälfte davon kennt. Ich jedenfalls bestimmt nicht. Wer war denn St. Christina die Erstaunliche?»

«Eine sehr interessante Person. Sie hatte einen stark ausgeprägten Geruchssinn. Bei ihrem Begräbnis störte sie der Geruch ihres eigenen verwesenden Körpers derart, daß sie mit dem Sarg aufs Kirchendach schwebte.»

«Wouw! Das sind ja vielleicht Heilige! Was soll's, es gibt eben alle möglichen komischen Typen in dieser Welt. Heutzutage wären Ihre ollen Heiligen bestimmt auch ganz anders . . .»

AGATHA CHRISTIE

So ein Zufall . . .

ZUFALL. Unter Zufall versteht man oft das unvorhergesehene Zusammentreffen zweier Ereignisse; auch wird der Zufall als «unerforschliche oder blinde Macht des Schicksals» empfunden, die von außen in das Geschehen eingreift. BROCKHAUS ENZYKLOPÄDIE

Der Zufall ist ein Rätsel, welches das Schicksal dem Menschen aufgibt. CHRISTIAN FRIEDRICH HEBBEL

Unglaublich, aber wahr . . .

Rätselhafte Post

Im Sommer vor drei Jahren bekam ich eines Tages einen Brief. Er steckte in einem länglichen weißen Umschlag, adressiert an jemanden, dessen Name mir unbekannt war: Robert M. Morgan in Seattle, Washington. Auf der Vorderseite befanden sich verschiedene Stempel von der Post: *Nicht zustellbar, Adressat unbekannt, Zurück an Absender.* Mr. Morgans Name war mit Tinte durchgestrichen, und daneben hatte jemand geschrieben: *Nicht unter dieser Anschrift.* Ein Pfeil in derselben blauen Tinte wies in die linke obere Ecke des Umschlags, mit dem Vermerk: *Zurück an Absender.* In der Annahme, die Post habe sich geirrt, sah ich links oben nach und entdeckte dort zu meiner absoluten Verblüffung meinen eigenen Namen samt meiner Adresse. Und nicht nur das: Diese Angaben standen auch noch gedruckt auf einem Adressenaufkleber (von der Art, für die in Anzeigen auf Streichholzschachteln geworben wird und die man sich in Blocks zu zweihundert Stück bestellen kann). Der Name war korrekt geschrieben, ebenso die Adresse – und doch war es (und ist es noch immer) eine Tatsache, daß ich niemals in meinem Leben solche gedruckten Adressenaufkleber besessen oder bestellt habe.

In dem Umschlag befand sich ein mit einzeiligem Abstand getipptes Schreiben, das folgendermaßen begann: «Lieber Robert, zu Ihrem Brief vom 15. Juli 1989 kann ich nur sagen, daß ich, wie andere Autoren auch, häufig Post zu meinen Büchern erhalte.» Dann hebt der Verfasser an, in einem pompösen, hochgestochenen Stil, vermengt mit Zitaten französischer Philosophen, und in einem von Dünkel und Selbstzufriedenheit triefenden Tonfall «Robert» für die

Ideen zu loben, die er anläßlich eines Collegekurses über den zeitgenössischen Roman zu einem meiner Bücher entwickelt habe. Der Brief war geradezu niederträchtig, nicht im Traum würde mir einfallen, jemandem etwas Derartiges zu schreiben, und doch war er mit meinem Namen unterzeichnet. Die Handschrift hatte mit meiner keine Ähnlichkeit, aber das war nur ein schwacher Trost. Irgend jemand da draußen versuchte sich für mich auszugeben, und soviel ich weiß, tut er das noch immer.

Ein Freund behauptete, es handele sich hier um einen Fall von «Briefkunst». Der Verfasser habe gewußt, daß der Brief nicht an Robert Morgan gelangen konnte (da dieser gar nicht existiere), und seine Auslassungen daher tatsächlich an mich adressiert. Dies aber würde einen durch nichts gerechtfertigten Glauben an die amerikanische Post voraussetzen, und ich bezweifle auch, daß jemand, der sich die Mühe macht, Adressenaufkleber mit meinem Namen zu bestellen und dann einen so arroganten, hochtrabenden Brief zu schreiben, irgend etwas dem Zufall überlassen würde. Oder doch? Vielleicht glauben die Wichtigtuer dieser Welt ja wirklich, daß alles stets nach ihren Wünschen läuft.

Ich habe wenig Hoffnung, jemals Licht in dieses kleine Geheimnis zu bringen. Der Scherzbold hat seine Spuren gründlich verwischt und sich seither auch nicht mehr gemeldet. An mir selbst verwirrt mich dabei, daß ich den Brief nicht fortgeworfen habe, obwohl es mich noch immer jedesmal schaudert, wenn ich ihn ansehe. Ein vernünftiger Mensch hätte den Schrieb in die Mülltonne geschmissen. Statt dessen habe ich ihn, aus mir unerfindlichen Gründen, seit drei Jahren auf meinem Schreibtisch liegen und zum festen Inventar zwischen meinen Bleistiften, Notizbüchern und Radiergummis werden lassen. Vielleicht behalte ich ihn als Denkmal meiner eigenen Torheit. Vielleicht will ich mich auf diese Weise daran erinnern, daß ich nichts weiß, daß die Welt, auf der ich lebe, sich mir ewig entziehen wird.

Viermal ist zuviel!

Beim Thema Freundschaft, besonders wenn ich darüber nachdenke, wie manche Freundschaften Bestand haben und andere nicht, fällt mir unwillkürlich ein, daß ich in all meinen Jahren als Autofahrer erst vier Reifenpannen gehabt habe und daß dabei jedesmal dieselbe Person mit mir im Wagen gesessen hat (in drei verschiedenen Ländern verteilt auf einen Zeitraum von acht bis neun Jahren). J. und ich kannten uns vom College her, und obwohl unsere Freundschaft nie ganz frei von Zwist und Unbehagen war, kamen wir eine Zeitlang gut miteinander aus. Einmal im Frühling, noch während des Studiums, liehen wir uns den uralten Kombi meines Vaters und fuhren in die Wildnis von Quebec hinauf. Dort herrschte noch Winter, denn in diesem Teil der Welt vollzieht sich der Wechsel der Jahreszeiten langsamer als anderswo. Die erste Reifenpanne war kein Problem (wir hatten einen Ersatzreifen dabei), doch als keine Stunde später der zweite Reifen platzte, saßen wir fast den ganzen Tag in der frostigen rauhen Landschaft fest. Damals bin ich mit einem Achselzucken darüber hinweggegangen, es war eben Pech; aber als J. vier, fünf Jahre später nach Frankreich kam und L. und mich in dem Haus besuchte, wo wir als Verwalter arbeiteten (er war in elender Verfassung, wie gelähmt vor Gram und Selbstmitleid, und merkte nicht, daß er unsere Gastfreundschaft strapazierte), geschah das gleiche. Wir fuhren für einen Tag nach Aix-en-Provence (eine Fahrt von etwa zwei Stunden), und auf dem Rückweg, spätabends auf einer dunklen, abgelegenen Landstraße, hatten wir wieder einen Platten. Zufall, dachte ich und verdrängte den Vorfall aus meinen Gedanken. Aber vier Jahre später, in den letzten Monaten meiner Ehe mit L., war J. wieder bei uns zu Besuch – diesmal im Bundesstaat New York, wo L. und ich mit dem kleinen Daniel lebten. Eines Tages stiegen J. und ich ins Auto, um etwas zum Abendessen zu besorgen. Ich setzte den Wagen aus der Garage, wendete auf der unbefestigten Einfahrt, hielt an der Straße, sah nach links, rechts und links und wollte losfahren. In diesem Augenblick, als ich noch einen vorbeikommenden Wagen abwartete, vernahm ich das unverkennbare Zischen. Wieder war einem Reifen die Luft ausgegangen, und diesmal hatten wir noch nicht einmal das Grundstück verlassen. J. und ich lachten natürlich, aber fest steht, daß unsere Freundschaft sich von dieser vierten Reifenpanne nie mehr richtig erholt hat. Ich sage nicht, diese Reifenpannen seien der Grund für unsere Entfremdung gewesen, doch auf irgendeine verquere Art waren sie ein Symbol dafür, wie es immer zwischen uns gestanden hatte, das Zeichen eines unfaßlichen Fluchs. Ich will nicht übertreiben, aber noch heute fällt es mir schwer, diese Reifenpannen als bedeutungslos abzutun. Denn Tatsache ist, daß J. und ich keinen Kontakt mehr haben, daß wir seit über zehn Jahren nicht mehr miteinander gesprochen haben.

Was nun?

1990 war ich wieder einmal für ein paar Tage in Paris. Eines Nachmittags besuchte ich eine Bekannte von mir in ihrem Büro und wurde dort einer Tschechin vorgestellt – sie mochte Ende Vierzig oder Anfang Fünfzig sein, war Kunsthistorikerin und eine Freundin meiner Bekannten. Eine attraktive und lebhafte Person, das weiß ich noch, aber da sie eben gehen wollte, als ich kam, verbrachte ich höchstens fünf bis zehn Minuten in ihrer Gesellschaft. Wie in solchen Fällen üblich, sprachen wir über nichts Besonderes: eine Stadt in Amerika, die wir beide kannten; ein Buch, das sie gerade las; das Wetter. Dann gaben wir uns die Hand, sie schritt aus der Tür, und ich habe sie nie wiedergesehen.

Nachdem sie gegangen war, lehnte sich meine Bekannte in ihrem Sessel zurück und sagte: «Willst du eine gute Geschichte hören?»

«Natürlich», sagte ich, «an guten Geschichten bin ich immer interessiert.»

«Ich habe meine Freundin sehr gern», fuhr sie fort, «also komm nicht auf falsche Gedanken. Es geht mir nicht darum, Gerüchte über sie zu verbreiten. Ich habe nur das Gefühl, du hast ein Recht darauf, das zu erfahren.»

«Bist du sicher?»

«Ja, bin ich. Aber eins mußt du mir versprechen. Falls du die Geschichte jemals aufschreibst, darfst du keine Namen nennen.»

«Ist versprochen», sagte ich.

Darauf weihte mich meine Bekannte in das Geheimnis ein. Sie hat für die ganze Geschichte, die ich jetzt wiedergeben will, keine drei Minuten gebraucht.

Die Frau, die ich eben kennengelernt hatte, kam während des Krieges in Prag zur Welt. Als sie noch ein Baby war, wurde ihr Vater gefangengenommen, zum Dienst in der deutschen Armee zwangsverpflichtet und nach Rußland an die Front geschickt. Sie und ihre Mutter haben nie mehr von ihm gehört. Sie bekamen keine Briefe, keine Nachrichten, ob er noch lebte oder schon tot war, nichts. Der Krieg hatte ihn einfach verschlungen, er war spurlos verschwunden.

Jahre vergingen. Das Mädchen wuchs heran. Sie beendete

ihr Studium und wurde Professorin für Kunstgeschichte. Meiner Bekannten zufolge bekam sie während des russischen Einmarschs Ende der sechziger Jahre Schwierigkeiten mit der Regierung, aber worin genau diese Schwierigkeiten bestanden, ist mir nie ganz klargeworden. In Anbetracht der Geschichten, die ich von anderen Leuten aus dieser Zeit kenne, kann ich es mir aber ungefähr denken.

Irgendwann durfte sie ihre Lehrtätigkeit wiederaufnehmen. In einem ihrer Seminare war ein Austauschstudent aus Ostdeutschland. Sie und der junge Mann verliebten sich ineinander, und am Ende heirateten sie.

Kurz nach der Hochzeit kam ein Telegramm mit der Nachricht vom Tod ihres Schwiegervaters. Am nächsten Tag fuhren sie und ihr Mann zur Beerdigung nach Ostdeutschland. Dort, in welchem Ort es auch gewesen sein mag, erfuhr sie, daß ihr verstorbener Schwiegervater in der Tschechoslowakei geboren war.

Während des Krieges war er von den Nazis gefangengenommen, zum Dienst in der deutschen Armee zwangsverpflichtet und nach Rußland an die Front geschickt worden. Wie durch ein Wunder hatte er überlebt. Anstatt jedoch nach dem Krieg in die Tschechoslowakei zurückzukehren, hatte er sich unter einem neuen Namen in Deutschland niedergelassen, eine Deutsche geheiratet und mit seiner neuen Familie bis zu seinem Tod in diesem Land gelebt. Der Krieg hatte ihm die Chance gegeben, noch einmal ganz von vorn anzufangen, und wie es scheint, hat er sich nie nach dem alten Leben zurückgesehnt.

Als die Freundin meiner Bekannten den ursprünglichen tschechischen Namen des Mannes erfuhr, bestand kein Zweifel mehr, daß es ihr Vater war.

Da der Vater ihres Mannes mit ihrem eigenen identisch

war, bedeutete das natürlich, daß der Mann, den sie geheiratet hatte, gleichzeitig auch ihr Bruder war.

PAUL AUSTER

Rettende Unpünktlichkeit

Diese wahre Geschichte trug sich in der Kleinstadt Berenice im amerikanischen Bundesstaat Nebraska zu. Es war der 1. März 1950, und die fünfzehn Mitglieder des Kirchenchors sollten sich abends um 19.20 Uhr zu einer Probe in der Kirche treffen. Doch an diesem Abend war keiner der gewöhnlich stets pünktlichen Sängerinnen und Sänger zur vereinbarten Zeit zur Stelle.

Bei Pfarrers zu Hause war Waschtag gewesen und deshalb das Abendessen verspätet aufgetragen worden. Mit schlechtem Gewissen machte sich der Herr Pfarrer erst nach halb acht zum Ausgehen bereit. Bei einem Chormitglied wollte partout der Wagen nicht anspringen, ein anderer Sänger hörte so intensiv Radio, daß er die Zeit vergaß. Eine jugendliche Sängerin wurde mit den Schularbeiten nicht fertig, eine andere war eingeschlafen, konnte von ihrer Mutter, ebenfalls Chormitglied, nur unter Schwierigkeiten geweckt werden, so daß beide zu spät dran waren.

Kurzum, jedes der fünfzehn Kirchenchormitglieder hatte an diesem Abend einen Grund für Unpünktlichkeit, und keines erschien um 19.20 Uhr zur Probe.

Zum Glück. Denn genau um 19.25 Uhr flog die Kirche in die Luft . . . Schuld war, wie man nach dem Unglück feststellte, ein Defekt im Heizungssystem.

Fünfzehn Zufälle auf einmal und zur selben Stunde? Ein Mathematiker machte sich die Mühe auszurechnen, wie hoch die Chance für eine Häufung solch ungewöhnlicher Geschehnisse sein könnte: Er kam auf die Zahl von eins zu einer Million!

Diese Geschichte wurde zum erstenmal im berühmten *Life*-Magazin veröffentlicht und ging dann um die ganze Welt. Sie ist heute noch in der Häufung der «Zufälle» unerreicht!

Im Netz verstrickt

Albert, ein zwanzigjähriger «Computerfreak», von Beruf Computerverkäufer, sucht immer noch seine große Liebe. Er wohnt in einem Mehrfamilienhaus in Flüelen. In diesem Haus wohnt auch eine sehr nette und attraktive Frau. Albert kennt sie kaum, findet sie aber ungemein schön. Als er abends wieder einmal vor seinem Computer sitzt und im Internet herumsurft, sucht eine Frau, Name unbekannt, Kontakt mit einem gleichgesinnten Computerfreak. Albert geht auf die Frage ein und schreibt per Internet einen kleinen Text, in welchem steht: «Habe dein Angebot entdeckt, bitte schreibe zurück.» Plötzlich kommt eine Antwort: «Oh, gut, jetzt habe ich jemanden zum Plaudern.» Albert schreibt zurück: «Ich bin auch froh, daß ich jemanden gefunden habe, dem ich meine Sorgen mitteilen kann.»

Sie vertiefen ihr Gespräch immer mehr, bis die Frau Albert fragt, wie alt er sei: «Ich bin zwanzig Jahre alt», meinte Albert. Er will auch das Alter der Frau am anderen Ende des Netzes wissen. «Ich bin dreiundzwanzig.» Sie sagt plötzlich: «Ich muß mich jetzt wieder ausklinken», aber sie werde ihm wieder schreiben. Dann war sie weg! Albert fand es Spitze, daß er jemanden hatte, mit dem er reden konnte, obwohl die Frau, er hatte nicht nach ihrem Namen gefragt, ein bißchen merkwürdig erschien. Er machte sich keine Gedanken und schlief noch am Computer ein. Am nächsten Tag kam er zu spät zur Arbeit. Der Chef war nicht gerade begeistert und motzte ihn recht an. Als endlich der lange Tag vorbei war und er nach Hause fuhr, sah er vor der Haustür des Mehrfamilienhauses diese Superfrau. Sie suchte etwas. Albert: «Was suchen Sie?» Frau: «Meinen Schlüssel.» Albert: «Ich mache Ihnen auf.» Sie bedankte sich und verschwand im ersten Stock in ihrem Appartement. Albert mußte noch zwei Stockwerke höher, bevor er seine Wohnung erreichte. Noch bevor er etwas anderes tat, schaltete er den Computer ein und wartete auf einen Anruf seiner Internetpartnerin. Und wirklich, sie rief an: «Hallo, mein Lieber, wie geht's?» Albert: «Ach, ganz gut.» Sie plauderten wieder bis in den Abend miteinander. Doch nun schrieb Albert: «Ich muß jetzt aufhören, sonst wird es wieder spät, und ich bekomme am Morgen wieder Ärger mit meinem Chef.» Am Morgen des nächsten Tages sah er wieder diese Frau im Hausflur. Sie kam auf ihn zu und fragte, ob er Lust habe, mit ihr zu frühstücken. Sie wolle sich revanchieren für gestern, als er ihr die Tür aufgeschlossen habe. Sie gingen in ein Restaurant und frühstückten miteinander. Sie fanden sich auf Anhieb sympathisch, tauschten Geschichten aus und verabredeten sich für Samstag abend in einem Lokal. Dann sagte sie: «Albert, ich muß noch einige Sachen erledigen, bitte entschuldige mich.» Albert: «Ist schon gut, Caroline», meinte er, obwohl er noch den ganzen Tag mit ihr verbringen wollte. Er hatte sich vermutlich in diesem Augenblick verliebt, er wollte aber nicht die Freundschaft zu seiner Computerpartnerin vernachlässigen. Dann ging er nach Hause und klickte sich ins Internet ein. Die Frau war leider nicht dort (Internet), und darum kam keine Antwort. Ein bißchen enttäuscht schaltete er den Computer aus. Albert träumte in dieser Nacht von Caroline, wie sie einen schönen Tag verbringen. Aber es ist schnell wieder ausgeträumt, denn der blöde Wecker holt ihn aus dem Tiefschlaf. Albert steht auf und freut sich schon auf Samstag mit Caroline. Stunden vergehen, Albert ist ganz aufgeregt und wartet, bis es 18 Uhr ist. Dann, auf die Sekunde genau, trifft er bei Caroline ein. Sie gehen in das verabredete Lokal, sie tanzen, und plötzlich legt der DJ ein langsames Lied auf, natürlich tanzen sie eng umschlungen miteinander. Da macht es endgültig klick, es geht erst etwa um 1 Uhr morgens nach Hause. Die beiden verabschieden sich im Flur, und jeder geht seinen Weg. Albert ist glücklich, endlich hat er die Schmetterlinge im Bauch gespürt, von denen ihm alle erzählt haben. Er will aber noch schauen, ob die Frau, die er kennengelernt hat, noch im Internet surft. Die Frau ist da! Sie schreibt, sie habe einen Wahnsinnstyp kennengelernt, auch Albert schreibt, was er erlebt hat. Plötzlich fragt die Frau am anderen Ende der Leitung: «Wie heißt denn deine neue Freundin?» Albert: «Caroline», schreibt er. Frau: «Mein neuer Freund heißt Albert!» Dann durchfährt es die beiden wie ein Blitz, und Albert rennt wie ein Irrer die

Treppe hinunter. Da geht schon die Tür auf: «Albert, du warst das?» Die beiden können es kaum fassen und verschwinden im Appartement von Caroline!

TOBIAS SIGRIST

Die verlorene Handschrift

Verleger und Verlagslektoren hassen nichts so sehr, wie wenn sie von Bekannten und Bekannten der Bekannten mit Manuskripten bombardiert werden, zu denen sie dann Stellung nehmen müssen. So lag mir eines Tages das Romanmanuskript des Freundes eines Freundes eines Bekannten vor, der ständig anrief, um meine Meinung zu seinem Buch zu hören.

Also machte ich mich eines Nachmittags im Büro daran, und als ich sah, daß es sich hier ausnahmsweise um ein tatsächlich vielversprechendes Manuskript handelte, beschloß ich, es mit nach Hause zu nehmen und am Abend darin weiterzulesen. Die Kartonschachtel mit den 400 Seiten legte ich im Auto auf den Sitz neben mir. Unterwegs hielt ich an, um in einem kleinen Restaurant eine Kleinigkeit zu essen.

Als ich zu meinem Wagen zurückkam, war er aufgebrochen, das Radio ausmontiert, mein Mantel weg – und die Schachtel mit dem Manuskript.

Wie sollte ich das nun dem Autor beibringen? Der mir zu allem hin auch noch mitgeteilt hatte, daß es sich um das

Original handelte, von dem er keine Kopien gezogen hatte. Und ich das entgegen dem bei uns sonst üblichen Vorgehen auch versäumt hatte!

Aber es kam ganz anders: Am nächsten Morgen in aller Frühe schellte bei mir das Telefon. Ein empörter Autor überfiel mich mit einem Redeschwall. Ich war einigermaßen erstaunt, wie konnte er wissen . . .

«Ich wollte Sie gerade anrufen», stotterte ich herum, aber er ließ mich gar nicht zu Wort kommen.

«Das kann ich mir lebhaft vorstellen», schnauzte er. «Es ist einfach widerwärtig.»

Widerwärtig, dachte ich. Unangenehm, schmerzlich, aber widerwärtig?

«Wie meinen Sie das?» fragte ich.

«Wie ich das meine? Das wissen Sie doch ganz genau. Daß Ihnen mein Buch nicht gefällt, gut, damit kann ich leben. Aber es in eine Pfütze in meinen Vorgarten zu schmeißen, also das geht doch entschieden zu weit!»

Was war passiert? Die Diebe waren beim Aufbrechen meines Autos beobachtet und von zwei Polizisten verfolgt worden. Auf der Flucht warfen sie den hinderlichen Karton mit dem Manuskript über einen Zaun in einen Vorgarten, wo die Schachtel aufging und die Blätter umherflogen.

Dieser Vorgarten aber gehörte ausgerechnet zum Haus des Autors. Und sein Buch wurde ein großer Erfolg . . .

ALEXANDER HESS

Bilder der Vergangenheit

Sie hatten sich bei Freunden kennengelernt: Irene und Franz. Beide waren verwitwet, hatten ihre Ehepartner nach glücklichen Ehejahren jung verloren.

Sie heirateten, und es wurde eine gute Ehe. Einziger dunkler Punkt: Irene wollte ihre Vergangenheit begraben, nicht daran rühren, niemals darüber sprechen. Franz hingegen wollte alles aus Irenes Leben wissen und auch ihr erzählen, wie sein Leben gewesen war, ehe er sie kennenlernte.

Erst nach zehn Jahren glücklicher Ehe fühlte sich Irene sicher und stark genug, die Vergangenheit anzugehen. Sie kramte Fotoalben hervor, die sie immer verborgen gehalten hatte, und zeigte Franz Schnappschüsse aus ihrer ersten Ehe. Auch von der Hochzeitsreise, die nach Frankreich geführt hatte, nach Lourdes.

«Lourdes?» fragte Franz interessiert. «Da waren wir auch. Blättre doch noch mal zurück.» Und er betrachtete sehr intensiv ein Foto auf der vorangegangenen Seite. Vor allem ein Paar, das man im Hintergrund des Fotos von Irene und ihrem Mann erkennen konnte.

«Wer ist das?» fragte er Irene gespannt.

«Keine Ahnung», meinte Irene. «Die sind zufällig auf dem Bild, sie gehörten nicht zu uns. Das sieht nur so aus. Optische Täuschung.»

«Ganz und gar nicht», sagte Franz wie geschockt. «Das Paar da hinter deinem Mann und dir – das sind meine erste Frau und ich!»

ALEXANDER HESS

Festbankett für zwei

Während der Reise von Mailand nach San Remo auf der Küstenstraße am Ligurischen Meer entschloß ich mich, eine Nacht in einem malerisch gelegenen Ort zwischen Genua und Savona zu verbringen.

Ich fand ein Hotel, aber kaum Schlaf. Die Küstenstraße war stark frequentiert, und ein nicht abreißender Verkehr brauste an meinem Fenster vorüber. Noch dazu lag das Hotel an einer Kurve, und da die Straße hier ziemlich schmal ist, hupten die meisten Autos, wenn sie die Enge passierten . . . Meine Hoffnung, nach Mitternacht würde der Lärm nachlassen, war eine trügerische Illusion . . . Was nützte da der Blick auf das Meer und die Lichterkette in der Bucht? Ich bin es nicht gewohnt, bei geschlossenem Fenster zu schlafen, aber es blieb mir keine Wahl. Es gab zwar eine Klimaanlage, aber als ich versuchte, mich mit ihr anzufreunden, entschied ich mich sofort gegen sie, denn sie befand sich oberhalb meines Kopfkissens, surrte unangenehm und umfächelte ständig Gesicht und Haare. Trotz der Barrikaden am Fenster dröhnte der Straßenlärm in das Zimmer.

Warum ich am anderen Morgen nicht sofort Reißaus nahm, sondern dem Rezeptionschef sagte, daß ich noch eine Nacht bleiben wolle, kann ich beim besten Willen nicht erklären. Solche unlogischen, spontanen Entschlüsse gibt es manchmal im Leben. Doch wie sich später herausstellte, hatte dieses Bleiben einen Sinn.

Ich verbrachte den Tag am Strand, und als es dann soweit war, sich zum Abendessen umzuziehen, wählte ich das schickste Kleid aus meinem Koffer. Nicht weil ich es für angebracht hielt und nicht um irgend jemandem zu gefallen, sondern ganz einfach um mir selbst eine Freude zu bereiten.

Manchmal kommt es ja auch vor, daß ich mich mit einem Kleiderkauf oder einem Friseurbesuch selbst verwöhne, mir sozusagen ein Trostpflästerchen verpasse, wenn ich traurig oder enttäuscht bin.

Ich zog also mein sündhaft teures Silberpailletten-Glitzerkleid an, das mir mein Mann zum letzten Geburtstag in einer Boutique gekauft hatte, und schminkte mich sorgfältig. Mein Haar bedurfte keiner Aufmöbelung, trotz ausgedehnten Schwimmens war meine wallende rote Mähne keineswegs beleidigt und fiel in natürlich-schönen Locken.

Als ich den Speisesaal betreten wollte, sah ich, daß Vorkehrungen für ein Festbankett getroffen wurden. Alle Tische hatte man bereits zur Seite gerückt, um in der Mitte eine Tanzfläche zu bekommen. Die Tische waren festlich geschmückt mit Kerzen, Blumen und funkelnden Gläsern. An ein Riesenbuffet mit allen erdenklichen Delikatessen wurde soeben letzte Hand angelegt. Der Saalchef erklärte mir in radebrechendem Deutsch, daß hier ein Festbankett für 200 Personen stattfände. Er nannte den Namen einer Gruppe oder eines Klubs, den ich aber nicht verstand – und es war mir auch egal, wer hier feierte. Die Hotelgäste möchten doch bitte so freundlich sein und in dem kleineren Nebensaal zum Souper Platz nehmen.

Ich nahm also das Abendessen im kleinen Speisesaal ein, und als ich damit fertig war, schien gerade das Festbankett zu beginnen. Jedenfalls sah ich, daß sich am Eingang zum großen Saal drei Personen zum Empfang postierten und bereits den ersten ankommenden Gästen die Hände schüttelten. Das Empfangskomitee bestand aus zwei dunkelgekleideten Herren mittleren Alters, ohne besondere Merkmale, die in ihre Mitte eine sehr kleine, unscheinbare Frau um die Vierzig genommen hatten. Die zwergenhafte Frau war unmöglich gekleidet. Die überhohen Absätze ihrer schwarzen Pumps ließen sie unproportioniert erscheinen und unterstrichen ihre Winzigkeit. Zudem hatte sie die Schulterpartie ihres einfallslosen schwarzen Kleides mit breiten Polstern ausgestattet, um es vielleicht ein wenig zu modernisieren. Doch die beiden Schultern machten sie gedrungen.

Im Vorbeigehen hörte ich, wie ankommende Herren bei der Begrüßung dieser Dame Komplimente machten. Wenn ich auch nicht alles verstehen konnte, so merkte ich doch, wie die Augen in dem keineswegs hübschen Gesicht in Entzücken schwammen. Die Menschen wollen belogen sein.

Ich bin nicht neugierig. Aber was sollte ich an diesem sommerhellen Abend schon in meinem Zimmer machen, bei Straßenlärm und geschlossenen Fenstern? Auch ein Spaziergang auf der abgaserfüllten Küstenstraße reizte mich nicht.

Vor dem Eingang zum großen Saal befand sich eine Sitzecke, vier schwere Sessel, ein Klubtisch und gegenüber an der Wand neben der Saaltür ein großer, venezianischer Spiegel über einer antiken Truhe mit zwei Leuchten links und rechts. Ich setzte mich in einen der Riesenpolstersessel mit Blick zur Tür und konnte so die ankommenden Bankett-Teilnehmer wie auch das Zeremoniell des Empfangskomitees beobachten. Und was es da alles zu beobachten gab!

Bis zu diesem Zeitpunkt hatte ich zwar immer schon behauptet, Männer wären eitler als Frauen, aber ich konnte dafür keine stichhaltigen Beweise erbringen.

An diesem Abend boten sie sich mir zahlreich. Beinahe alle Herren warfen im Vorübergehen einen Blick in den großen Spiegel, strichen sich über die Haare, entweder mit einer Hand über die Mitte ihres Scheitels, oder sie strichen mit beiden Händen die mehr oder weniger vorhandenen

Haare seitlich der Ohren glatt. Die Mehrzahl der männlichen Gäste griff sich an die Krawatte und rückte sie zurecht, obwohl sie das bestimmt schon mehrmals vorher zu Hause getan hatten.

Von meinem bequemen Sitzplatz aus stellte ich interessante psychologische Studien an. Die einen gaben sich lässig und unterstrichen ihre tatsächliche oder zur Schau getragene Nonchalance, indem sie eine Hand in die Hosentasche steckten, manche sogar beide Hände. Die Unsicheren, Verklemmten, Schüchternen näherten sich mit zögernden Schritten den Empfangspersonen, machten überhöfliche Verbeugungen, und einige wollten sich sogar möglichst unangesprochen an dem Dreier-Komitee vorbeidrücken. Zu meiner Überraschung waren die Herren im allgemeinen dem Anlaß entsprechend besser gekleidet als die Damen. Keine einzige Frau fiel mir auf wegen großer Schönheit, eleganter Kleidung oder umwerfendem Charme.

Die Damen waren etwa zwischen vierzig und sechzig, aber Charme, Eleganz oder gutes Aussehen sind kein Vorrecht für Damen jüngerer Jahrgänge. Bekanntlich ist Charme nicht altersbedingt. Ich verstand wirklich nicht, warum sich meinen Augen nichts Ästhetischeres bot. Sollte es sich hier vielleicht um eine Sekte handeln, die allem Schönen abhold ist, die sich im Verzicht, in der Askese übt? Anscheinend kannten sich auch diese Leute untereinander nicht, denn ich bemerkte, daß man sich gegenseitig häufig vorstellte.

Das Seltsame aber war, daß sie mich, die ich außerhalb des Saales saß, für eine der Ihren hielten und mich sozusagen zu den Empfangspersonen zählten, auch wenn ich keine Miene verzog und keine Anstalten traf, irgend jemanden zu begrüßen. Die Herren jedenfalls verneigten sich im Vorbeidefilieren äußerst devot, steckten sich ein angedeutetes Lächeln ins Gesicht, während die Damen mich mit abschätzenden und keineswegs wohlwollenden Blicken maßen. Sicher hätten die Herren den Griff an das Haar oder an die Krawatte unterlassen, hätten sie mich rechtzeitig entdeckt, so aber saß ich so vorteilhaft, daß sie mich erst nach ihrer eitlen Geste wahrnehmen konnten. Ich begann mich königlich zu amüsieren.

Nach all den vielen Mittelmäßigkeiten wurde ich plötzlich überrascht. *Mein* Typ näherte sich. Gut mittelgroß, schlank, markantes, gebräuntes Gesicht, volles, dunkles Haar, etwa um die Dreißig. Er sah *nicht* in den Spiegel, strich sich *nicht* über seine vollen Haare, griff *nicht* an die Krawatte, sondern sah mich an, lächelte mir augenzwinkernd-hinterlistig zu, als wolle er entschuldigend sagen, ist zwar alles Nonsens, ich mache mir nichts aus diesem Bankett, aber was soll's? – es muß eben sein. Er benahm sich wie ein Verbündeter, so als wären wir gute Bekannte und als wüßte ich über diese Fete genauso Bescheid wie er.

Er setzte sich in einen Polstersessel mir gegenüber, sprach mich an – auf italienisch.

Ich sagte: «Non capito», und er fragte: «Tedesco?»

Als ich bejahte, meinte er, ein bißchen könne er Deutsch, und ein bißchen spreche er Englisch. Und so gestaltete sich unsere Unterhaltung. Ein bißchen Deutsch, ein bißchen Englisch – und dazwischen viel Lachen.

Inzwischen trudelten die letzten Gäste ein, das Empfangskomitee schickte sich an, sich zurückzuziehen, und mein Gegenüber sagte: «Wir sollten jetzt auch hineingehen.» Wie hätte ich ihm mit meinem jahrelang vernachlässigten Englisch und seinen geringen Deutsch/Englisch-Kenntnissen verständlich machen können, daß ich kein geladener Gast sei?

Ich war noch dabei, in Gedanken eine entsprechende Formulierung zusammenzubasteln, als er mich ganz einfach am Arm nahm und mich wie selbstverständlich in den Saal führte.

Offen gestanden leistete ich kaum Widerspruch, denn ich sagte mir, warum sollte ein geladener Herr nicht «seine» Dame mitbringen dürfen? Und daß diese Leute sich kaum oder gar nicht kannten, davon hatte ich mich ja bereits während meines stillvergnügten Beobachtens überzeugen können.

Erst stand man ein bißchen herum, bekam ein Glas Sekt in die Hand gedrückt und beschnupperte sich. Dann wurde uns ein Platz angewiesen, auf dem ein Schild mit dem Namen Dott. Ernesto Ferrarotti und Dott. Sergio Cavalcanti stand. Mein Typ hatte sich mir als Ferrarotti vorgestellt. Der andere Dottore namens Cavalcanti erschien nicht, und darüber war ich ziemlich froh.

Ich bemerkte, daß man uns beobachtete, die Damen wie auch die Herren warfen immer wieder Blicke zu uns herüber. Ich glaube aber, ganz sicher nicht wegen meiner «Unzugehörigkeit», sondern ganz einfach, weil wir – ich bitte mir meine Eitelkeit zu verzeihen – ein schönes Paar abgaben, ein zusammenpassendes Paar, sowohl hinsichtlich der Kleidung als auch des Aussehens. Er trug einen schicken dunkelblauen Blazer zur hellgrauen Hose, ein hellgraues Seidenhemd mit passender Krawatte, und mein Silberkleid schien darauf abgestimmt zu sein. Ich fühlte mich wohl und stellte mit Überraschung fest, daß ich die Atmosphäre des Hotels nun keineswegs mehr langweilig oder steif fand, ganz im Gegenteil. Wie doch Menschen ihre Umgebung prägen, ihr ihren Stempel aufdrücken können. *Er* hatte es fertiggebracht, mir dieses Haus in einem ganz anderen Licht erscheinen zu lassen.

Nach dem Essen wurde getanzt. Ich bin keine gute Tänzerin, habe nie einen Tanzkurs absolviert, doch wenn sich ein Mann gut bewegt und ich mit ihm auf der gleichen Wellenlinie schwimme, führt die Sympathie – und die führt gut. Trotz unserer Sprachschwierigkeiten verstanden wir uns ausgezeichnet, und wo uns die Worte fehlten, halfen Gesten und Mimik weiter.

Da er als Italiener das H nicht aussprechen konnte, war ich für ihn nicht Helga, sondern Elga.

«Elga», sagte er einmal während eines Tanzes, «mir ist, als wäre dies ein Festbankett nur für uns zwei.»

An diese Worte erinnerte ich mich später wieder, als sie für mich eine ganz besondere Bedeutung bekamen.

Alles geht einmal zu Ende, jeder letzte Tanz, jede glückliche Stunde.

Ernesto hatte mir von Mailand erzählt, wo er zu Hause war, von seinem Beruf als Jurist, aber nicht, ob zu Hause eine Frau auf ihn warte. Wozu auch?

Ich bin Deutsche, gehe nach Deutschland zurück, habe zu Hause einen Mann, der zwar im Laufe der Jahre das Wort «Zärtlichkeit» aus seinem Vokabular gestrichen hat, den ich aber trotzdem liebe, auch wenn ich es genieße, wenn mir ein anderer Mann schöne Augen macht.

Ich weiß, daß der Schmelz der ersten Zuneigung bei den meisten Menschen mit der Zeit verlorengeht.

Ich weiß aber auch, daß das Sich-aufeinander-verlassen-Können, das Füreinander-Dasein mehr bedeuten kann als ein flüchtiges Aufflammen von Zuneigung in einer verzaubernden Stunde.

Ernesto fragte mich, ob er mich zu meinem Zimmer begleiten dürfe. Auch wenn ich nicht wußte, welche Vorstellungen er damit verband, sagte ich ja, denn ich kannte meine Vorstellung.

Ich holte meinen Schlüssel an der Rezeption, und wir fuhren zusammen mit dem Lift in die vierte Etage.

Vor meiner Zimmertür gab ich ihm die Hand, verabschiedete mich. Er bedankte sich für den Abend, fragte, ob er mir einmal schreiben dürfe, und bat um meine Adresse. Ich dachte, wozu soll das gut sein, ließ mich aber dann doch überreden und gab ihm meine Visitenkarte.

Er küßte mir die Hand, und dann umarmte er mich und küßte mich auf beide Wangen. Ich war ihm sehr dankbar, daß er mir alles so leicht machte und mich nicht zwang, Abwehrmethoden zu ergreifen. So war es mir vergönnt, diesen Abend in angenehmer Erinnerung zu behalten.

Damit ist diese Geschichte, die eine Liebesgeschichte hätte werden können, aber keine wurde, keinesfalls zu Ende. Sie beginnt hier erst, diese unbegreiflich seltsame Geschichte, die uns Menschen wieder einmal vor Augen führt, wie einfallsreich uns das Schicksal mitspielen kann, wobei die alte Frage auftaucht, ob es überhaupt im Leben Zufälle gibt oder nicht. Vielleicht gibt es doch eine Vorsehung, eine Programmierung, eine höhere Macht, die bewußt unsere Geschicke leitet.

Ich war längst wieder zu Hause in Frankfurt, an meinem Arbeitsplatz am Schalter einer Großbank. Der Alltag mit seinen Freuden und Mißlichkeiten hatte mich wieder, und ich dachte kaum noch an die kleine, im Grunde genommen unbedeutende Episode.

Bis zu jenem Dienstag im Mai, als ich vor meinem Schalter plötzlich Ernesto Ferrarotti sah. Ich traute meinen Augen nicht. Meine Gefühle kann ich kaum beschreiben. Staunen, Freude und auch eine Prise Erschrecken. Er strahlte mich an, und ich brachte schließlich stotternd hervor: «Sie sind in Frankfurt?»

Radebrechend, obwohl er inzwischen sehr viel besser Deutsch sprach, erklärte er mir, daß er in Sachen «Sippenforschung» hier sei.

Ich fragte, woher er wußte, daß ich hier bei der Bank beschäftigt sei.

Eine Nachbarin hätte es ihm verraten, nachdem er mich nicht zu Hause angetroffen hatte, sagte er mit seinem etwas frechen Lächeln, das mich schon damals an jenem Abend in Italien so seltsam angerührt hatte.

«Würden Sie mir bei meinen Nachforschungen behilflich sein?» fragte er.

«Ich?» sagte ich erstaunt, «wie könnte ich das?»

«Oh», meinte er mit seinem umwerfend unschuldsvollen Augenaufschlag, «ein bißchen dolmetschen – mir die Ämter nennen, die ich aufsuchen muß.»

Ich gebe zu, daß ich etwas ratlos war, wie ich mich verhalten sollte. Einerseits freute ich mich über dieses Wiedersehen, andererseits – was ging mich seine Sippe an?

Und außerdem, was sollte ich meinem Mann sagen?

Ich hatte es damals nach meiner Rückkehr aus Italien nicht für notwendig erachtet, ihm von diesem bedeutungslosen Intermezzo zu erzählen. Konnte ich jetzt im nachhinein darüber sprechen und damit der Angelegenheit ein Gewicht verleihen, das ihr nicht zukam?

Ernesto beugte sich weit über den Schaltertresen. Seine Augen waren mir ganz nah, und zu meinem Erstaunen bemerkte ich, daß wir die gleiche Augenfarbe haben, Grün mit goldenen Pünktchen. Warum hatte ich das an dem Abend damals nicht bemerkt? Vielleicht war das gedämpfte Licht daran schuld gewesen?

«Ernesto», sagte ich, «ich habe keine Zeit. Ich bin tagsüber hier beschäftigt. Das sehen Sie doch.»

Er ließ nicht locker. «Aber abends?»

«Ich bin verheiratet und kann abends nicht grundlos weggehen.»

«Ich bin ein Grund», behauptete er, und sein Lächeln machte mich schwach.

«Gut, heute abend», stimmte ich zu, und wir vereinbarten rasch eine Weinstube in der Nähe der Bank, denn ein Kunde stand ungeduldig wartend hinter ihm.

«Zwanzig Uhr, aber bestimmt», rief er mir noch zu und verabschiedete sich.

Frauen können, wenn es sein muß, überzeugender lügen als Männer. Männer sind durchschaubarer. Ich muß gestehen, daß ich die Ausrede, eine kranke Kollegin besuchen zu müssen, sehr glaubhaft vorbrachte. Ein schlechtes Gewissen hatte ich eigentlich nicht, denn eine Affäre lag keineswegs in meiner Absicht. Ich konnte aber den Italiener, wenn er schon einmal in Frankfurt war, in der fremden Großstadt nicht sich selbst überlassen.

Er war bereits da, sah mir voll Erwartung entgegen, begrüßte mich mit Handkuß und überreichte mir einen hübsch gebundenen Biedermeierstrauß. Nach einigen der üblichen Komplimente fragte er, was ich essen wolle. Aber da ich bereits mit meinem Mann das Abendbrot eingenommen hatte, bestellte er Champagner und einige kleine Delikatessen.

Dann kam er zur Sache, und nach einer halben Stunde kannte ich seine Geschichte.

Seine Eltern waren Deutsche, lebten in Frankfurt. Mehr wußte er nicht von ihnen. Er war als Baby in der Wiege entführt worden. Seine Eltern haben sicher hohes Lösegeld zahlen müssen, aber das Baby nie zurückbekommen. Wahrscheinlich kam der oder kamen die Entführer mit dem Baby nicht zurecht, es wurde ihnen lästig, und sie entledigten sich seiner kaltblütig – dies mußten seine Eltern wohl annehmen.

In Wirklichkeit verhielt es sich aber ganz anders.

Die Entführer nahmen das Baby mit nach Italien, übergaben es irgendwelchen Leuten, die damit ein Geschäft machten, indem sie es an ein reiches Ehepaar verkauften, das keine Kinder bekommen konnte. Diese Leute adoptierten den süßen, kleinen Jungen, und erst als er 21 Jahre alt war, klärten sie ihn auf, daß er nicht ihr leiblicher Sohn sei. Über seine Eltern konnten sie ihm nur sagen, daß sie in Frankfurt zu Hause waren, aber sicher inzwischen gestorben seien.

Ernesto sagte, daß ihn diese Eröffnung nicht besonders berührt habe, da seine Adoptiveltern sehr liebe, gute Menschen seien und er ihnen viel zu verdanken habe. Außerdem konnten sie ihm finanziell alles bieten. Er konnte studieren, wurde Jurist, und es ging ihm sehr gut.

Er hatte zwar Verständnis dafür, daß seine Adoptiveltern nie Nachforschungen betrieben hatten, da sie ihn als ihren Sohn nicht verlieren wollten, aber mit der Zeit erwachte in ihm der Wunsch, über seine leiblichen Eltern und seine Herkunft mehr zu erfahren. Es mußte doch festzustellen sein, wem seinerzeit ein Kind entführt worden war.

Mit immer wacherem Interesse verfolgte ich seinen Bericht und wurde dabei von Minute zu Minute nachdenklicher.

«Ernesto», sagte ich schließlich, als er geendet hatte, «bevor ich geboren wurde, hatten meine Eltern ein Kind, einen Jungen. Er wurde entführt, als er erst ein paar Monate alt war. Sie bezahlten ein hohes Lösegeld, denn sie waren vermögend. Mein Vater war Bankier, jetzt lebt er im Ruhestand. Meine Mutter ist tot. Das Kind wurde trotz Bezahlung der geforderten Summe nicht zurückgegeben. Meine

Eltern mußten annehmen, daß die Entführer das Kind umgebracht haben, weil es ihnen lästig wurde.»

Ernesto war völlig verwirrt. Die ganze Tragweite meiner Erzählung konnte er nur langsam begreifen.

Ich fragte: «Wie alt sind Sie?»

«Achtundzwanzig.»

«Und ich bin fünfundzwanzig, drei Jahre nach dem Verschwinden des Jungen kam ich zur Welt. Meine Eltern waren sehr froh, daß sie wieder ein Kind hatten.»

Nun beratschlagten wir lange, wie wir vorgehen könnten, um Gewißheit zu bekommen. Noch konnten wir nicht fassen, nicht daran glauben, daß es solche Zufälle im Leben geben kann, daß ein Mädchen seinen Bruder, der nach Italien verschleppt worden war, nach so langer Zeit und unter so außergewöhnlichen Umständen wiederfindet.

Plötzlich kam mir die Erleuchtung. Ich erinnerte mich daran, daß meine Mutter einmal erwähnte, ihr Baby unter allen Babys der Welt erkennen zu können, da es ein sehr großes Muttermal hätte und dieses sich an einer Stelle befände, wo man allgemein kein Muttermal vermutet.

Was lag näher, als Ernesto danach zu fragen?

Nie werde ich vergessen, wie sich sein Gesicht verfärbte.

«Ja», sagte er, «ich habe ein Muttermal.»

«Wo?»

Er zögerte etwas, dann griff er an sein Gesäß. «Hier.»

«Ernesto», jubelte ich, «dann sind wir Geschwister.»

Wir wußten beide nicht, was wir jetzt tun oder sagen sollten. Schließlich fielen wir uns in die Arme.

Als ich nach Hause kam, erzählte ich meinem Mann die lange Geschichte vom Anfang bis zum Ende. Er war genauso betroffen, wie ich es vorher gewesen war. Am anderen Morgen suchten wir zu dritt meinen Vater auf.

Die Übereinstimmungen in vielen Beziehungen waren verblüffend, aber entscheidend war das Muttermal, das Ernesto meinem Vater zeigte.

Es war sein Sohn – er war mein Bruder.

Unsere Begegnung in Italien – wie war sie möglich?

Welche Hand war im Spiel bei diesem Arrangement?

Hatten wir uns «erkannt», hatte uns eine innere Stimme zusammengeführt?

Ernesto blieb in Italien, bei seinen Adoptiveltern, in seinem Beruf. Aber wir, mein Vater, mein Mann und ich verbringen in jedem Jahr vier Wochen Urlaub bei ihm, und einmal jährlich kommt er zu uns nach Frankfurt, in seine «zweite» Heimat, die eigentlich seine erste war.

HILDEGARD SCHÄFER

Leben für Leben

Es war in einer heißen Juninacht, und Rolf Faller hatte es eilig, zu seiner Freundin zu gelangen. So übersah er, daß der Lastwagen, den er auf seinem Motorrad gerade überholen wollte, die Fahrt verlangsamte, um abzubiegen. Faller krachte voll in das schwere Fahrzeug. Eine Beinverletzung riß eine Arterie auf, und der junge Mann war am Verbluten.

Aber ein zufällig vorbeikommender Autofahrer war schnell genug in seinen Reaktionen: Er band Fallers Bein mit seiner Krawatte ab und rettete ihm so das Leben.

Fünf Jahre später fuhr Faller auf derselben Strecke, diesmal aber im Auto. Und sah, wie direkt vor ihm ein anderes Auto voll gegen einen Baum prallte.

Faller rannte zu der Unfallstelle, fand einen Mann bewußtlos auf dem Fahrersitz, das rechte Hosenbein blutgetränkt. Faller band das Bein sofort ab, stoppte die Blutung, blieb bei dem Verletzten, bis die Ambulanz kam. Und erkannte erst jetzt, wem er mit seinem schnellen Eingreifen das Leben gerettet hatte: demselben Mann, der ihn selbst vor fünf Jahren vor dem Verbluten gerettet hatte!

Merkwürdige Schicksale eines jungen Engländers

Eines Tages reiste ein junger Engländer auf dem Postwagen zum erstenmal in die große Stadt London, wo er von den Menschen, die daselbst wohnen, keinen einzigen kannte als seinen Schwager, den er besuchen wollte, und seine Schwester, welche des Schwagers Frau war. Auch auf dem Postwagen war neben ihm niemand als der Kondukteur, das ist der Aufseher über den Postwagen, der auf alles acht haben und an Ort und Stelle über die Briefe und Pakete Red und Antwort geben muß; und die zwei Reisekameraden dachten damals nicht daran, wo sie einander das nächste Mal wiedersehen würden. Der Postwagen kam erst in der tiefen Nacht in London an. In dem Posthause konnte der Fremde nicht über Nacht bleiben, weil der Postmeister daselbst ein vornehmer Herr ist und nicht wirtet, und des Schwagers Haus wußte der arme Jüngling in der ungeheuer großen Stadt, bei stockfinsterer Nacht, so wenig zu finden als in einem Wagen voll Heu eine Stecknadel.

Da sagte zu ihm der Kondukteur: «Junger Herr, kommt Ihr mit mir! Ich bin zwar auch nicht hier daheim, aber ich habe, wenn ich nach London komme, bei einer Verwandten ein Stüblein, wo zwei Betten stehen. Meine Base wird Euch schon beherbergen, und morgen könnt Ihr Euch alsdann nach Eures Schwagers Haus erkundigen, wo Ihr's besser finden werdet.»

Das ließ sich der junge Mensch nicht zweimal sagen. Sie tranken bei der Frau Base noch einen Krug englisches Bier, aßen eine Knackwurst dazu und legten sich dann schlafen. In der Nacht kam dem Fremden eine Notdurft an, und er mußte hinausgehen. Da war er schlimmer dran als noch nie. Denn er wußte in seiner damaligen Nachtherberge, so klein sie war, so wenig Bericht als ein paar Stunden vorher in der großen Stadt. Zum Glück aber wurde der Kondukteur auch wach und sagte ihm, wie er gehen müsse, links und rechts und wieder links.

«Die Türe», fuhr er fort, «ist zwar verschlossen, wenn Ihr an Ort und Stelle kommt, und wir haben den Schlüssel verloren. Aber nehmt in meinem Rockelorsack mein großes Messer mit und schiebt es zwischen dem Türlein und dem Pfosten hinein, so springt inwendig die Falle auf. Geht nur dem Gehör nach! Ihr hört ja die Themse rauschen, und zieht etwas an, die Nacht ist kalt.»

Der Fremde erwischte in der Geschwindigkeit und in der Finsternis das Kamisol des Kondukteurs statt des seinen, zog es an und kam glücklich an dem Platz an. Denn er schlug es nicht hoch an, daß er unterwegs einmal den Rank zu kurz genommen hatte, so daß er mit der Nase an ein Eck anstieß, und wegen des hitzigen Biers, das er getrunken hatte, entsetzlich blutete. Allein, ob dem starken Blutverlust und der Verkältung bekam er eine Schwäche und schlief ein. Der nachtfertige Kondukteur wartete und wartete, wußte nicht, wo sein Schlafkamerad so lange bleibt, bis er auf der Gasse einen Lärm vernahm, da fiel ihm im halben Schlaf der Gedanke ein: «Was gilt's, der arme Mensch ist an die Haustüre kommen, ist auf die Gasse hinausgegangen und gepreßt worden.» Denn wenn die Engländer viel Volk auf ihre Schiffe brauchen, so gehen unversehens bestellte starke Männer nachts in den gemeinen Wirtsstuben, in verdächtigen Häusern und auf der Gasse herum, und wer ihnen alsdann in die Hände kommt und tauglich ist, den fragen sie nicht lange: Landsmann, wer bist du? Oder Landsmann, wer seid Ihr? Sondern machen kurzen Prozeß, schleppen ihn – gern oder ungern – fort auf die Schiffe, und Gott befohlen! Solch eine nächtliche Menschenjagd nennt man Pressen, und deswegen sagte der Kondukteur: «Was gilt's, er ist gepreßt worden!» In dieser Angst sprang er eilig auf, warf seinen Rackelor um sich und eilte auf die Gasse, um womöglich den armen Schelm zu retten. Als er aber eine Gasse und zwei Gassen weit dem Lärmen nachgegangen war, fiel er selber den Pressern in die Hände, wurde auf ein Schiff geschleppt – ungern – und den andern Morgen weiters. Weg war er. Nachher kam der junge Mensch im Hause wieder zu sich, eilte, wie er war, in sein Bett zurück, ohne den Schlafkameraden zu vermissen, und schlief bis in den Tag.

Unterdessen wurde der Kondukteur, um acht Uhr, auf der Post erwartet, und als er immer und immer nicht kommen wollte, wurde ein Postbedienter abgeschickt, ihn zu suchen. Der fand keinen Kondukteur, aber einen Mann mit blutigem Gewand im Bett liegen, auf dem Gang ein großes offenes Messer, Blut bis auf den Abtritt, und unten rauschte die Themse. Da fiel ein böser Verdacht auf den blutigen Fremdling, er habe den Kondukteur ermordet und in das Wasser geworfen. Er wurde in ein Verhör geführt, und als man ihn visitierte und in den Taschen des Kamisols, das er noch immer anhatte, einen ledernen Geldbeutel fand, mit dem wohlbekannten silbernen Petschaftring des Kondukteurs am Riemen befestigt, da war es um den armen Jüngling geschehen. Er berief sich auf seinen Schwager – man kannte ihn nicht; auf seine Schwester – man wußte nichts von ihr. Er erzählte den ganzen Hergang der Sache, wie er selber sie wußte. Aber die Blutrichter sagten: «Das sind blaue Nebel, und Ihr werdet gehenkt.»

Und wie gesagt, so geschehn, noch am nämlichen Nachmittag nach engländischem Recht und Brauch. Mit dem engländischen Brauch aber ist es so: Weil in London der Spitzbuben viele sind, so macht man mit denen, die gehenkt werden, kurzen Prozeß, und bekümmern sich nicht viele Leute darum, weil man's oft sehen kann. Die Missetäter, so viele man auf einmal hat, werden auf einen breiten Wagen gesetzt und bis unter den Galgen geführt. Dort hängt man den Strick in den bösen Nagel ein, fährt alsdann mit dem Wagen unter ihnen weg, läßt die schönen Gesellen zappeln und schaut nicht um. Allein in England ist das Hängen nicht so schimpflich wie bei uns, sondern nur tödlich. Deswegen kommen nachher die nächsten Verwandten des Missetäters und ziehen so lange unten an den Beinen, bis der Herr Vetter oben erstickt.

Aber unserm Fremdling tat niemand diesen traurigen Dienst der Liebe und Freundschaft an, bis abends ein junges Ehepaar, Arm in Arm, auf einem Spaziergang von ungefähr über den Richtplatz wandelte und im Vorbeigehen nach dem Galgen schaute. Da fiel die Frau mit einem lauten Geschrei des Entsetzens in die Arme ihres Mannes: «Barmherziger Himmel, da hängt unser Bruder!»

Aber noch größer wurde der Schrecken, als der Gehenkte bei der bekannten Stimme seiner Schwester die Augenlider aufschlug und die Augen fürchterlich drehte. Denn er lebte noch, und das Ehepaar, das vorüberging, war die Schwester und der Schwager. Der Schwager aber, der ein entschlossener Mann war, verlor die Besinnung nicht, sondern dachte in der Stille auf Rettung. Der Platz war entlegen, die Leute hatten sich verlaufen, und um Geld und gute Worte gewann er ein paar beherzte und vertraute Burschen, die nahmen den Gehenkten mir nichts, dir nichts ab, als wenn sie das Recht dazu hätten, und brachten ihn glücklich und unbeschrien in des Schwagers Haus. Dort ward er in wenigen Stunden wieder zu sich gebracht, bekam ein kleines Fieber und wurde unter der lieben Pflege seiner getrösteten Schwester bald wieder völlig gesund.

Eines Abends aber sagte der Schwager zu ihm: Schwager, Ihr könnt nun in dem Land nicht bleiben. Wenn Ihr entdeckt werdet, so könnt Ihr noch einmal gehenkt werden, und ich dazu. Und wenn auch nicht, so habt Ihr ein Halsband an Eurem Hals getragen, das für Euch und Eure Verwandten ein schlechter Staat war. Ihr müßt nach Amerika. Dort will ich für Euch sorgen.

Das sah der gute Jüngling ein, ging bei der ersten Gelegenheit in ein vertrautes Schiff und kam nach 80 Tagen glücklich in dem Seehafen von Philadelphia an. Als er aber hier an einem landfremden Orte mit schwerem Herzen wieder an das Ufer stieg, und als er eben bei sich selber dachte: «Wenn mir doch Gott auch nur einen einzigen Menschen entgegenführte, der mich kennt»; siehe da kam in armseliger Schiffskleidung der Kondukteur.

Aber so groß sonst die Freude des unverhofften Wiedersehens an einem solchen fremden Orte ist, so war doch hier das erste Willkommen schlecht genug. Denn der Kondukteur, als er seinen Mann erkannte, ging er mit geballter Faust auf ihn los: «Wo führt Euch der Böse her, verdammter Nachtläufer? Wißt Ihr, daß ich wegen Euch bin gepreßt worden?»

Der Engländer aber sagte: «Goddam, Ihr vermaledeiter Überall und Nirgends, wißt Ihr, daß man wegen Euch mich gehenkt hat?» Hernach aber gingen sie miteinander ins Wirtshaus zu den drei Kronen in Philadelphia und erzählten sich ihr Schicksal. Und der junge Engländer, der in einem Handlungshaus gute Geschäfte machte, ruhte nachher nicht, bis er seinen guten Freund loskaufen und wieder nach London zurückschicken konnte.

JOHANN PETER HEBEL

Karl-normal

«. . . wir bitten um Ihr Verständnis. Ende der Durchsage.» Das hatte gerade noch gefehlt. Zwei Stunden Verspätung! Was, bitte schön, mache ich jetzt zwei Stunden auf dem Bahnhof von Karlsruhe? Ich hatte mir diese Frage noch nicht ausreichend beantwortet, da redete mich ein unscheinbarer, ebenfalls zum Warten verurteilter Fahrgast an und fragte mich, ob ich eventuell Lust hätte, mit ihm einen Kaffee trinken zu gehen. Obwohl sich meine Kommunikationsbereitschaft auf dem mir bekannten Nullpunkt befand, sagte ich, mangels besserer Ideen, zu. Es dauerte eine Ewigkeit, bis wir uns entscheiden konnten, ob wir ins großräumige Bahnhofsrestaurant oder doch in die Bar im Untergeschoß gehen sollten. Meine Unzufriedenheit besserte sich durch unsere Entscheidungsunfähigkeit keineswegs. Schlußendlich landeten wir, am zugeteilten Tisch der unfreundlichsten Bedienung von Karlsruhe, im Restaurant.

Mein Leidensgenosse stellte sich mir als Karl vor, was mir ein Schmunzeln entlockte. «Fehlt nur noch die Ruhe», diese eher dumme Bemerkung schien ihm allerdings zu gefallen. Trotzdem entpuppte sich Karl als humorvoller Tischnachbar. Unmerklich verwandelte sich die Wartezeit in einen unterhaltsamen Kaffeeklatsch, bei dem wir einander frei und mit großem Tempo zusammenhanglose Anekdoten aus unserem Leben erzählten.

Das Bild, das ich mir von ihm dadurch entwerfen konnte, gefiel mir, auch meinte ich das gleiche in ihm geweckt zu haben. Wie selbstverständlich stiegen wir gemeinsam in das, fast noch verpaßte, Zugabteil.

Erst kurz vor dem Zielbahnhof wurde mir bewußt, daß ich einen sehr netten und ansprechenden Mann kennengelernt hatte. Das Austauschen der Telefonnummern war eine logische Folge, obwohl ich meinen Anschluß nur ungern preisgebe.

Zurück zu Hause und im Alltag beschäftigte Karl mich nicht besonders. Ihm ging es höchstwahrscheinlich genauso, er hat ebenfalls nie versucht, mich zu erreichen.

Schon bald ordnete ich auch diese Begegnung in meine Anekdotenreihe ein. Allerdings muß ich gestehen, daß ich sie äußerst gerne erzähle.

Drei Monate später trafen wir uns wieder. Zufällig – auf einem Bahnsteig. Das war bemerkenswert, hasse ich doch öffentliche Verkehrsmittel und gehe ihnen, Ökologie hin oder her, gerne aus dem Weg. Diesmal hatte der Zug keine Verspätungsmeldung, und diesmal fuhren wir auch nicht in dieselbe Richtung. Karl war gerade ausgestiegen, und ich war pflichterfüllend unterwegs zu einer Geburtstagsparty, auf der ich mich mit Hilfe des Champagners kräftig zu amüsieren gedachte; was mir eigentlich vorsätzlicherweise nie gelingt. Die Wiedersehensfreude war ungespielt groß. Das einzige, was mir in der vorgeschriebenen Aufenthaltszeit in den Sinn kam, war, ihn als Begleiter auf die Party mitzunehmen. Auf der Einladung stand ja in Computerschrift: Anhang auch eingeladen. Na bitte.

Das Fest war, für mich zumindest, ein Riesenerfolg. Karl und ich spielten die Rolle der Zweierkiste glorreich. Dies war allerdings, das will ich nicht verschweigen, meine Forderung als Gegenleistung für seine Mitnahme.

Das Erstaunliche an diesem Spiel war: Jetzt bemerkte ich, wie seine Blicke mein Herz treffen konnten, wie mir plötzlich sein Gang und seine Bewegungen, die er zum Zigarettenanzünden ausübte, gefielen. Am Ende dieses Abends mußte ich mir schweren Herzens eingestehen, daß ich mich eventuell ein wenig verliebt hatte.

In einen unscheinbaren Fotografen, der sich auf Porträts spezialisiert hat. In einen Brillenträger mit Vorliebe für Cordhosen. In einen Fünfunddreißigjährigen, der sich leidenschaftlich gerne Heimatfilme ansieht, kennengelernt und wiedergesehen an dem banalsten Ort einer größeren

Stadt. In einen charmanten, witzigen und herzallerliebsten Mann mit Beziehungsängsten.

Die Beziehungsängste machten mir allerdings die wenigsten Sorgen, waren doch alle Männer von dieser Krankheit befallen. Viel mehr Kopfzerbrechen machten mir meine eigenen. Mein Leben war herrlich durchstrukturiert, mit allen möglichen Absicherungen und Netzen: Arbeit, Freundeskreis, ausgedehnten Ferien und vielen mehr oder minder interessanten Interessen. Dies alles sollte jetzt durch einen romantisch veranlagten, kurzsichtigen Fotografen ins Wanken geraten? Außerdem hatte ich, bis auf ein paar wenige Anhaltspunkte, keine Beweise für seine Gefühlswelt mir gegenüber. Auch der vorbeifliegende Abschiedskuß lieferte keine stichhaltigen Argumente.

Aus Angst vor Enttäuschung und mangels unauffälliger Annäherungsideen ließ ich das Projekt «Karl» fallen und versuchte mit allen Kräften, mir meine festummauerte Single-Burg nicht einnehmen zu lassen. Dies gelang mir recht gut, hatte ich doch genügend Übung. Bis zu jenem Tag, als ein längsformatiger grauer Brief im Kasten lag: «Da ich nicht gerne telefoniere und Du kein Faxgerät auf Deinem Schreibtisch hast, möchte ich Dich über diesen Weg zum Nachtessen am nächsten Samstag einladen. Mit lieben Grüßen, K.» Mein Herz klopfte hörbar, und im stillen überlegte ich mir schon die passende Verhütungsmethode für nach dem Essen.

Karl kochte mir ein viergängiges Menü und erwies sich nicht nur als guter Koch . . . REGINA WURSTER

Kommissar Zufall

Liest man aufmerksam über einen längeren Zeitraum die Zeitung, findet man erstaunlich viele Meldungen darüber, wie durch einen eigenartigen Zufall oder eine Kette von Zufällen Kriminelle entdeckt werden. Der geläufige Begriff vom «Kommissar Zufall» ist eben nicht zufällig entstanden, sondern beruht auf Beobachtung ...

Die folgenden Beispiele, die ich innerhalb weniger Monate fand, illustrieren die grimmige «Ironie des Schicksals». Da ich diese Fälle nur aus zweiter Hand kenne, kann ich sie zwar nicht wirklich auf ihren synchronistischen Gehalt hin untersuchen, aber es finden sich darin dennoch einige wichtige Hinweise. Hier eine kleine Auswahl aus einem halben Jahr Pressemeldungen:

In Bogotá hatte ein Drogenhändler für seine Telefonate fremde Leitungen angezapft, um kostenlos zu telefonieren. So sparte er für Ferngespräche in die USA und nach Mexiko Tausende ein. Allerdings zapfte er dann zufällig die Leitung des Polizeichefs von Bogotá an ...

Ein Dieb in Kassel brachte Ende 1995 das Kunststück fertig, ein gestohlenes Autoradio ausgerechnet dem Bestohlenen als «günstiges Angebot» zum Kauf anzubieten ...

Kurz darauf geriet in Hamburg ein Fahrraddieb an den Falschen bzw. Richtigen: Kurz nach dem Diebstahl riß die Kette. Er schob das Rad zum nächstgelegenen Fahrradgeschäft. Der Ladenbesitzer erkannte das Rad sofort: Es gehörte seinem Sohn.

Wenige Wochen später kamen einer Croupier-Dame in Australien die Schmuckstücke an den Armen einiger Gäste an ihrem Tisch sehr bekannt vor: Sie gehörten ihrem Mann und waren gerade frisch aus ihrem Haus gestohlen worden.

Ausgerechnet mit der Fahrgestellnummer eines bayrischen Polizeiautos versah ein ungarischer Dieb unwissentlich einen gestohlenen Wagen. Bei der Einreise nach Bayern staunten die Grenzbeamten über die Daten, die sie aus dem Computer erhielten . . .

Ein Mitarbeiter eines Sozialamtes in Niedersachsen konnte sechs Jahre lang einen insgesamt sehr großen Geldbetrag unterschlagen, indem er kleinere unauffällige Geldbeträge auf sein Privatkonto abzweigte. Eine Bank hatte zu einer Überweisung eine harmlose Rückfrage – leider ausgerechnet während der zwei Wochen, als der Mann in Urlaub war und ein Kollege den Vorgang überprüfte . . .

Eine Kette von Zufällen legte einem Dieb in D. das Handwerk: Morgens stahl er ein Auto. Mittags fragte er einen Mann, den er im Garten sah, nach einer bestimmten Straße. Wenige Stunden später sah dieser Mann ihn mit einem Fernseher unter dem Arm, der ihm bekannt vorkam. Zu Hause stellte er fest, daß man bei ihm eingebrochen hatte und der Fernseher gestohlen worden war. Er lief zurück und entdeckte den Dieb in der Nähe auf einem Parkplatz. Als dieser mit dem gestohlenen Wagen flüchten wollte, rammte er ausgerechnet den Privatwagen eines Polizisten, der dort ebenfalls parkte . . .

Ein Schauspieler sah sich zu Hause im Fernsehen einen Film an, in dem er selbst mitspielte. Im Film stellte er einen Kriminellen dar. Gerade als er auf dem Bildschirm verhaftet wurde, kam die Polizei in seine Wohnung und verhaftete ihn wegen Drogenbesitzes . . . das Leben schreibt eben die spannendsten Drehbücher selbst!

ELISABETH MARDORF

Der goldene Skarabäus

Der Psychiater und Tiefenpsychologe Carl Gustav Jung beschäftigte sich sein Leben lang intensiv mit Zufällen. Gemeinsam mit dem Physiker W. Pauli prägte er für dieses Phänomen den Begriff «Synchronizität» (griech. Gleichzeitigkeit), womit durch einen gemeinsamen Sinn verbundene gleichzeitige Vorgänge gemeint sind.

In seiner therapeutischen Praxis begegnete er einer Menge solcher Begebenheiten. Am meisten beeindruckte ihn der Fall des goldenen Skarabäus, den er selbst wie folgt schildert:

Eine junge Patientin hatte in einem entscheidenden Moment ihrer Behandlung einen Traum, in welchem sie einen goldenen Skarabäus zum Geschenk erhielt. Ich saß, während sie mir den Traum erzählte, mit dem Rücken gegen das geschlossene Fenster. Plötzlich hörte ich hinter mir ein Geräusch, wie wenn etwas leise gegen mein Fenster klopfte. Ich drehte mich um und sah, daß ein fliegendes Insekt von außen gegen das Fenster stieß. Ich öffnete das Fenster und fing das Tier im Fluge. Es war die nächste Analogie zu einem goldenen Skarabäus, welche unsere Breiten aufzubringen vermochten, nämlich ein Scarabeide (Blatthornkäfer), *Cetonia aurata,* der «gemeine Rosenkäfer», der sich offenbar veranlaßt gefühlt hatte, entgegen seinen sonstigen Gewohnheiten in ein dunkles Zimmer gerade in diesem Moment einzudringen. Ich muß schon sagen, daß mir ein solcher Moment weder vorher noch nachher je vorgekommen, ebenso wie auch der damalige Traum der Patientin ein Unikum in meiner Erfahrung geblieben ist.

C. G. JUNG

Rosenkäfer und Gottesanbeterin

Am 3. 10., wenige Tage bevor ich Herrn Gauger nach langem Briefwechsel persönlich kennenlernte, las ich eine Geschichte von Edgar Allan Poe *(Der Goldkäfer)*. Der Goldkäfer wird in dieser Geschichte auch als ein großer Skarabäus bezeichnet. Er hat eine merkwürdige, für einen Skarabäus ungewöhnliche Zeichnung, die an einen Totenkopf erinnert. In der Geschichte geht es um eine eigenartige Verknüpfung von Zufällen, die schließlich dazu führen, daß (nach einer Verzögerung!) ein großer Schatz und auch einige Skelette gefunden werden.

Es war ein regnerischer dunkler Nachmittag, und die Geschichte irritierte mich. Deshalb widmete ich mich einem Aufsatz von Wilhelm Gauger über das «Phänomen des sinnvollen Zufalls» (1980). Er berichtet hier unter anderem davon, daß manche Ereignisse parallel zu etwas ablaufen, was man gerade in Büchern liest, und daß es dabei anscheinend Elemente gibt, die gehäuft auftreten . . .

Ich zitiere im Folgenden einen längeren Absatz aus diesem Artikel, denn erst dadurch wird das Erlebnis in seiner Gesamtheit verständlich:

C. G. Jung berichtet in seinem Synchronizitäts-Aufsatz von einer Patientin, der im Traum ein goldener Skarabäus zum Geschenk gemacht wurde. Während die Patientin den Traum erzählte, flog ein Rosenkäfer gegen die Scheibe . . . Am Montag, dem 17. Juni 1974, besuchte ich in Berlin das Insektarium des Zoos, und mir fielen dort Zweige auf, die dicht mit afrikanischen Rosenkäfern besetzt waren. Mittags hielt ich mich auf dem Balkon der Wohnung auf, als sich plötzlich mit gewaltigem Brummen ein fliegendes Insekt zwischen den Wänden verfing, hin und her prallte und am Boden zur Ruhe kam: ein einheimischer Rosenkäfer. Ich hatte noch nie zuvor einen gesehen.

An einem anderen Tag (8. Juni 1976) trug ich mich mit dem Gedanken, zur Unterstützung eines bestimmten Vorhabens zwei Bekannte anzurufen. Ich war mir noch nicht schlüssig, als ich von einem schon einen Anruf erhielt und im selben Moment vom anderen ein Brief eingeworfen wurde – mit beiden hatte ich lange keinen Kontakt gehabt. An diesem Tag las ich in *Tanz des großen Hungers* von Laurens van der Post von der zu den Heuschrecken zählenden Gottesanbeterin oder Mantis, die dem Verfasser in Träumen und synchronistischen Konstellationen gerade als Leitmotiv begegnete und zu der Begegnung mit dem Andenken eines Buschmannes führte; für die Buschmänner ist die Mantis ein Tier von geradezu göttlicher Natur und wird auch als Orakel verwendet. Am selben Tag holte ich aus der Buchhandlung *Menschenforschung auf neuen Wegen* von Irenäus Eibl-Eibesfeld ab, in dem ebenfalls von Buschmännern die Rede ist. Ist es nun ein Wunder, daß mir an diesem Tage früh auf der Treppe in einer Parkanlage ein Warzenbeißer *(Pecticus verrocivorus)*, ebenfalls eine Heuschrecke, begegnete, gleichsam als nächste Analogie zur Gottesanbeterin, welche unsere Breitengrade aufzubringen vermochten, wie der Rosenkäfer den Skarabäus vertritt? Im übrigen lag am selben Tag nachmittags ein Rosenkäfer auf dem Balkon! Ich hatte seit dem Vorfall von 1974 und habe auch seither keinen mehr gesehen. Sollte es sich bei Skarabäus und Mantis (bzw. bei Rosenkäfer und Warzenbeißer) um Tiere handeln, die mit dem Phänomen des sinnvollen Zufalls in der Weise eng verwandt sind wie manche Bücher?

Zurück zu dem verregneten Nachmittag, an dem ich all dies las. Es war übrigens der 3. 10. 93, der «neue» Tag der deutschen Einheit. Ein Teil der zitierten Gauger-Erlebnisse fand statt am 17. 6., dem «alten» Tag der deutschen Einheit! Bedeutsam oder nicht – der 17. Juni war der symbolische Vorgriff auf den nunmehr tatsächlichen «Tag der deutschen Einheit» am 3. Oktober: Eine Erneuerung, eine «Wiedergeburt» auf politischer Ebene hatte stattgefunden, die auch fast an ein Wunder grenzte.

Während ich las, flog plötzlich mit einem lauten Klopfgeräusch ein großer, sehr schöner Käfer an mein Fenster und versuchte hereinzukommen. Es war kein Rosenkäfer, aber er hatte eine sehr eigenartige Zeichnung, die mich an die Geschichte von Edgar Allan Poe erinnerte.

Es schien, als ob sich das, was dort und bei Gauger geschrieben stand, in der Realität fortsetzte und bestätigte und mir bildhaft die vielen Ebenen von Synchronizität und Symbolen der Synchronizität vorführte. Ich war tief bewegt . . .

Nur fünf Tage nach diesem Erlebnis las ich morgens eine Anzeige über ein Buch, ausgerechnet mit dem Titel *Die Rückkehr des Skarabäus*. Und der Skarabäus kehrte ja tatsächlich gleich mehrfach zurück. Am Abend dieses Tages lernte ich Wilhelm Gauger auf einer Tagung persönlich kennen. Einen Tag später erzählte er mir, daß er in seinem Hotelzimmer eine Heuschreckenlarve gefunden habe. Wieder tauchte hier die Heuschrecke auf als das Tier, das in unseren Breitengraden der «Gottesanbeterin» ähnelt. Die Griechen nannten dieses Tier «Mantis» und brachten es in Verbindung mit der «Manteia», der Weissagekunst . . .

Ich berichtete Wilhelm Gauger dann über die erstaunliche Episode mit meiner Lektüre von Edgar Allan Poe und der seines eigenen Buches und dem Käfer. Uns beiden schien es, als seien wiederum zwei spiegelbildliche Seiten eines Phänomens zusammengekommen.

Wenige Tage später schrieb ich einen Brief an Herrn Gauger, in dem ich die Erörterung eines Themas fortsetzte, über das wir auf der Tagung gesprochen hatten: das Thema Wiedergeburt.

Anschließend ging ich zum Briefkasten, um die Post zu holen – und stolperte direkt vor unserer Haustüre über einen Rosenkäfer, der dort lag. Ich konnte es selbst kaum glauben. Ich hob ihn auf, und um sicherzugehen, verglich ich ihn exakt mit den Angaben und Bildern, die ich in Lexika fand. Ohne Zweifel – es war ein Rosenkäfer, *Cetonia aurata*.

Das obige Erlebnis setzte sich noch fort: Zwei Tage nachdem ich den Rosenkäfer fand und wenige Tage nachdem Heuschrecken ein Thema gewesen waren, nahm ich etwas auf Video auf. Ich machte einen Fehler bei der Programmierung – und nahm völlig ungeplant einen Bericht über *ägyptische Heuschrecken* auf, von dem ich nicht mal wußte, daß er gesendet wurde! . . .

Ein Jahr später tauchte dann das Symbol des Rosenkäfers erneut auf, nachdem ich einen beeindruckenden Traum gehabt hatte. Wir waren auf Reisen, und meiner Erfahrung nach sind dabei Träume noch intensiver als im Alltag. Im Traum ging es um Tod, Leben, Harmonie und Neubeginn, und in diesem Traum erzählte ich Wilhelm Gauger davon, was ich erlebt hatte. Ich «wußte» im Traum, daß er auch ohne Erklärung die Symbolik verstehen würde. Am näch-

sten Morgen fand ich dann draußen, direkt vor dem Haus-
eingang, einen Rosenkäfer!

Es mag sein, daß Sie inzwischen mehr oder weniger verwirrt
sind von so vielen Realitätsebenen – deshalb mein Rat: Lassen Sie all dies einfach intuitiv auf sich wirken und versuchen Sie nicht verzweifelt, es mit dem Verstand zu sortieren.
Es kommt nämlich noch bunter. Denn während des Schrei-
bens und Überarbeitens dieser letzten Buchseiten begegne-
ten mir die Symbole und Themen, über die ich gerade
schrieb, wiederum mehrfach in meinem Alltag:

Eines Abends sah ich, direkt nachdem ich über den
Skarabäus und seine Dungkugel geschrieben hatte, eine
kurze Fernsehvorschau, die zwischen zwei Sendungen einge-
schoben war. Es handelte sich um die Ankündigung eines
Films über den Mikrokosmos der Insektenwelt, und die
Filmausschnitte zeigten einen großen Käfer in Nahauf-
nahme, der seine Kugel rollte . . .

Und noch einmal tauchte der Skarabäus auf: In der letzten Woche, als das Kapitel fast fertig war, sprang mir der
Hinweis auf ein Buch so sehr ins Auge, daß es mir bedeutsam schien. Dieses Buch von Paul Coelho heißt *Der Alchi-
mist*. Ich las es abends, nachdem ich gerade den vorigen
Absatz über den Fernsehfilm korrigiert hatte. Und ich hatte
das merkwürdige Gefühl, ich könnte erst weiterschreiben,
wenn das Buch zu Ende gelesen war.

Die Geschichte handelt von einem andalusischen Hirten-
jungen, der einem immer wiederkehrenden Traum folgt: Er
werde bei den Pyramiden von Ägypten einen Schatz finden.
Nach vielen Umwegen gelangt er endlich in die Nähe seines
Ziels und begreift, wieviel er auf dem Weg schon gelernt hat:

«Er brauchte seine Weisheit und seine Kunst niemandem

zu beweisen. Auf dem Weg zu seinem persönlichen Lebensplan hatte er bereits alles gelernt, was er benötigte . . . Nun war er bei seinem Schatz angelangt . . . Er schaute zu Boden und bemerkte, daß ein Skarabäus dort herumkrabbelte . . . Und er hatte in seiner Zeit in der Wüste gelernt, daß der Skarabäus in Ägypten das Symbol für Gott ist. Wieder ein Zeichen!» . . .

. . . wenn Ihnen auf Ihrer inneren Reise ein Skarabäus, ein Rosenkäfer, eine Heuschrecke oder eine Gottesanbeterin begegnen, wissen Sie ohnehin, was gemeint ist.

So erging es dem Mythologen Joseph Campbell, der seinerseits über eine erstaunliche Synchronizität der Synchronizität berichtet, in der eine Mantis (Gottesanbeterin) als Symbol auftaucht. «Wir wohnen in New York in einem Apartment im vierzehnten Stockwerk . . . Das letzte, womit man in New York rechnet, ist der Anblick einer Gottesanbeterin. Die Gottesanbeterin spielt die Rolle des Helden in den Mythen der Buschmänner. Ich arbeitete damals gerade an meinem Buch über die Mythologie der Buschmänner, in der die Gottesanbeterin im Mittelpunkt steht . . . Ich las also gerade über die Gottesanbeterin – den Helden –, als ich plötzlich den Impuls verspürte, das Fenster zur Sixth Avenue zu öffnen. Ich tat es und blickte hinaus nach rechts. Da sah ich eine Gottesanbeterin das Gebäude hochspazieren! Sie hatte den Fensterrand erreicht und befand sich nun unmittelbar vor mir . . . Sie schaute mich an, und ihr Gesicht ähnelte dem eines Buschmannes. Ich schauderte. Jetzt werden Sie vielleicht sagen, das war aber ein komischer Zufall, aber ich frage Sie: Wie groß ist die Wahrscheinlichkeit, daß so etwas zufällig geschieht?»

ELISABETH MARDORF

Der Wind, das himmlische Kind

Der französische Astronom Camille Flammarion, der durch populäre Schriften viel zur Verbreitung astronomischer Kenntnisse beitrug, arbeitete 1900 an seinem berühmten Buch über die Atmosphäre. Bei offenem Fenster schrieb er an einem Kapitel über Wind, als ein unnatürlich starker Windstoß die Manuskriptseiten erfaßte und aus dem Fenster blies.

Just in diesem Moment kam ein Bekannter Flammarions in der Nähe seines Hauses vorbei und sah die Blätter auf dem Boden. Er nahm sie auf, dachte, Flammarion habe sie auf dem Weg zu seinem Verleger verloren und brachte sie in das Büro des Verlegers, der aber abwesend war. Also legte er die Manuskriptseiten auf dessen Pult, ohne eine Erklärung zu hinterlassen.

Flammarion war höchst erstaunt, am nächsten Tag von seinem Verleger zu hören, daß das vermißte Kapitel auf dessen Schreibtisch lag. Beide waren überzeugt, der Wind habe es dorthin geweht. Bis der Bekannte ihnen ein paar Tage später den wahren Sachverhalt erklärte, hielten sie es für ein Wunder . . .

Aber Flammarions Interesse an Zufällen war damit geweckt und vertiefte sich durch eine andere Geschichte, die ihm ein Freund erzählte.

In seiner Kindheit in Orléans wurde einem gewissen Monsieur Deschampes von einem Nachbarn namens Monsieur de Fortgibu ein besonders delikates Stück Weihnachtskuchen geschenkt. Nie wieder schmeckte der Junge so etwas Köstliches, bis er zehn Jahre später in Paris im Schaufenster eines Konditors einen einsamen Weihnachtskuchen stehen sah. Er ging hinein und fragte, ob er den Kuchen kaufen könne. Das sei nicht möglich, erklärte ihm der Konditor, er sei speziell für einen alten Kunden gemacht worden. Für einen Monsieur de Fortgibu!

Jahre später war Monsieur Deschampes zu einem Abendessen eingeladen, bei dem es als Dessertüberraschung einen Weihnachtskuchen gab. Gerade als er aufgetragen worden war, öffnete sich die Tür, und ein alter, etwas verwirrter Herr kam herein. Es war Monsieur de Fortgibu, der sich in der Adresse geirrt hatte und so irrtümlich in die Einladung hineinplatzte . . .

Die Maus

An einem Samstagmorgen stand ich früh auf, um in einem Gartenzentrum Setzlinge für meinen Gemüsegarten zu kaufen. Leider fand ich meine Autoschlüssel nicht, sosehr ich auch danach suchte: in jedem Zimmer, unter den Möbeln, in jeder nur möglichen Tasche. Sie waren und blieben verschwunden, und ich verbrachte den ganzen Tag damit, immer wieder zu suchen.

Gegen Abend war ich so resigniert, daß ich die Nummer meines Garagisten heraussuchte, um ihn anzurufen und zu bitten, mir zu einem Ersatzschlüssel zu verhelfen oder sich sonst etwas Schlaues einfallen zu lassen. Da rief mein Sohn ganz aufgeregt: «Papa, in meinem Zimmer ist eine Maus!» Ich rannte hin und sah eine kleine braune Maus, die unter einer Kommode saß. Wie sie in das Zimmer gekommen war, weiß ich auch nicht.

Die nächsten zwei Stunden vergaßen wir die Autoschlüssel und versuchten, den kleinen Eindringling zu fangen. Er entwischte uns immer wieder. Schließlich konnten wir das listige Tierchen mit Wurst, Käse und vereinten Kräften in eine Schuhschachtel locken und den Deckel draufmanipulieren.

Inzwischen war es dunkel geworden. Ich nahm eine Taschenlampe und die Mäuseschachtel und wanderte in den hintersten Winkel unseres Gartens, um der kleinen Maus die Freiheit wiederzugeben. Ich öffnete die Schachtel, das Mäuschen schaute verdutzt drein, suchte dann aber schleunigst das Weite. Nicht jedoch, ohne vor dem Verschwinden ins Dunkle im Schein der Taschenlampe noch einmal Männchen zu machen und mich neugierig anzuschauen. Und jetzt passierte das Merkwürdige: Genau an der Stelle, an der das Mäuschen sich verabschiedet hatte, lagen meine Schlüssel. Offenbar waren sie mir aus der Tasche gefallen, als ich am Tag zuvor an dieser Stelle des Gartens Holz gebündelt hatte. Durch weiß Gott was für einen Zufall hatte ich die Maus genau an diesem Platz freigelassen. Ohne diese Mäuseaktion hätte ich die Schlüssel wahrscheinlich nie mehr wiedergefunden. DAVID SIMON

Das Seil

Ich bin ein Typ, der sich gerne im Freien aufhält. An Wochenenden gehe ich, wenn immer möglich, wandern. Mein Wohnort eignet sich dafür sehr gut: In wenigen Minuten bin ich draußen in der freien Natur, und auch die Berge sind nicht weit.

Vor einiger Zeit wanderte ich einen Felspfad entlang, der sich ziemlich nah am Abgrund hinzog. Tief unter mir rauschte ein schäumender Fluß, und auf der anderen Seite begrenzten ebenfalls steile Felswände das Ufer. Es schien keine Möglichkeit zu bestehen, an das Flußufer hinunterzukommen. Die Felswände waren zwar nicht extrem hoch, aber steil, und ein Abstieg zum Fluß ohne die entsprechende Ausrüstung war kaum möglich, selbst für einen guten Kletterer.

Ich aber war fest entschlossen, an den Fluß zu gelangen, schlitterte ohne nachzudenken auf dem Hosenboden nach unten, so weit ich konnte – und sprang dann an der engsten Stelle über die Felskluft. Ich hatte mir zwar alles genau angesehen, aber es war ein Risiko. Doch ich war sicher, heil auf der anderen Seite zu landen.

Der Sprung gelang, ich war auf der anderen Seite und konnte von dort das Ufer des Flusses erreichen.

Plötzlich durchzuckte mich der Gedanke: Wie komme ich da bloß wieder hoch? Runterzukommen, das war leicht gewesen. Aber wieder rauf – dazu müßte schon ein Wunder geschehen. Ich hatte mich da völlig unbedacht in eine ziemlich prekäre Situation manövriert.

Ich ging also den Fluß entlang und suchte nach einer Stelle, wo ich vielleicht hinaufklettern könnte, und mir wurde immer klarer, daß ich mit eigener Kraft aus dieser

Schlucht nicht mehr herauskommen würde. Ich schickte ein Stoßgebet gen Himmel: «Lieber Gott, hilf mir doch!»

Und dann passierte etwas sehr Merkwürdiges: Ich schaute auf den Boden, und da lag ein Seil. Ungelogen und nicht erfunden: Da lag ein Seil! Ich traute meinen Augen nicht. Jemand hatte hier, in der Mitte von Nirgendwo, ein Seil liegenlassen. Ein Wunder?

Ich ging am Fluß zurück und versuchte immer wieder, das Seil so an den Felsen hochzuwerfen, daß es sich irgendwo festhakte, so daß ich mich hochziehen konnte. Ein Felsvorsprung, ein markanter Stein, irgend etwas mußte doch da sein! Schließlich gelang es mir, die Seilschlinge über einen Vorsprung zu werfen. Das Seil hing gerade herunter – nicht sehr einladend. Dahinter eine glatte Wand, an der ich nirgends die Füße aufsetzen konnte.

Es war noch eine risikoreiche Kletterei, ehe ich wieder oben auf meinem Felspfad ankam. Aber ohne das Seil säße ich heute noch in der Schlucht . . .

Gelernt habe ich aus diesem «Wunder» einiges. Zuerst einmal mußte ich zugeben, daß ich mich fundamental bei der Beurteilung der Lage geirrt hatte. Dann bescherte das «Wunder» mir zwar ein Seil, aber ich mußte noch gehörig arbeiten, bis ich mich aus meiner mißlichen Situation herausgeholt hatte. Da war kein Engel, der mir dabei half, das mußte ich schon aus eigener Kraft schaffen. Es war wie im Leben: Eine höhere Macht hatte mir zwar einen Ausweg gezeigt und das Werkzeug geliefert, aber anwenden mußte ich es selbst. Und das war harte Arbeit! MAX DAVIS

Zufälle gibt es nicht

Die drei Deborahs

Die erste Deborah lernte ich vor sechzehn Jahren kennen. Wir haben am selben Tag Geburtstag, wir sind gleich groß, haben dieselbe Figur, dieselbe Haarfarbe, dieselbe Augenfarbe und dieselbe Hautfarbe und sehen uns so ähnlich, daß wir Schwestern sein könnten. Auf dem College waren wir beide begeisterte Schwimmerinnen. Keine schloß das College ab. Wir heirateten beide mit zwanzig, bekamen im gleichen Alter unsere ersten Kinder und blieben zu Hause, um uns ihrer Erziehung zu widmen. Im gleichen Alter zogen wir beide nach Süddakota und wohnen seither nur viereinhalb Kilometer auseinander. Ihre zweite Tochter und unser erster Hund wurden Missy getauft (das war noch bevor wir uns kennenlernten). Debs Ehemann und mein Lieblingspferd heißen Skip.

Der zweiten Deborah (die auch eine Hunde- und Pferdenärrin ist) begegnete ich vor ungefähr vier Jahren, als wir beide «zufällig» zur selben Zeit unangemeldet bei einer gemeinsamen Freundin hereinschneiten. Es stellte sich heraus, daß diese Deb alternative Massagetechniken beherrschte, und ich hatte damals starke Rückenbeschwerden, die von einem Reitunfall herrührten. Ich brauche wohl nicht zu sagen, daß sie meinen Rücken kuriert hat.

Die dritte Deborah traf ich knapp ein halbes Jahr nach der zweiten. Das Nachbarhaus hatte ungefähr ein Jahr lang leergestanden, und ich hoffte die ganze Zeit inständig, daß dort jemand einziehen würde, der Pferde liebte und dem es gefiel, neben unserem Stall zu wohnen. An dem Tag, als Deb nebenan einzog, unterhielten wir uns zum erstenmal miteinander und wurden sofort dicke Freundinnen.

Die Ähnlichkeiten zwischen Deborah zwei und Deborah drei sind wirklich verblüffend. Beide sind neun Jahre jünger als ich; ihre Geburtstage liegen nur knapp sechs Monate auseinander. Sie sind gleich groß, wiegen gleich viel und haben dieselbe Figur, dieselbe Haarfarbe und denselben Teint. Beide waren zweimal verheiratet, und beide hatten zur gleichen Zeit Eheprobleme, die dazu führten, daß sie dieselbe Stadt zur selben Zeit verließen. Deb zwei ließ sich hundert Kilometer weiter östlich nieder, Deb dreihundert Kilometer weiter südlich.

Deb drei und ich haben so viele ungewöhnliche Dinge gemeinsam, daß ich immer wieder erstaunt bin. Einmal bemerkte ihr Mann wütend, daß wir beide aus demselben Ei geschlüpft sein müßten. Unsere Ehemänner sind beide Physiker und Computerfreaks, und beide tragen Hörgeräte. Ihr Mann und mein ältester Bruder heißen Michael. Ihr Bruder und mein Sohn heißen David. Ihr Bruder David und mein Bruder Michael tauften ihren ersten Sohn Brian. Debra hatte wie ich eine sehr dominante Mutter. Wir wuchsen beide mit Holstein-Rindern auf. Wir machen beide Kurse und bilden uns in wissenschaftlichen Fächern weiter, und wir fertigen beide Skulpturen an.

Letzten Herbst zogen Deb und ihr Mann weg. Sie vermieteten ihr Haus an ein sehr nettes, junges Ehepaar. Unser neuer Nachbar heißt ebenfalls Mike – wie seine beiden Vorgänger.

Und jetzt kommt der seltsamste Zufall von allen: Als Debra sechzehn Jahre alt war, zog ein gleichaltriges Mädchen, das nicht mit ihr verwandt war, in ihr Elternhaus ein und starb noch im selben Jahr an Leukämie. Und ich lebte als Sechzehnjährige im Haus einer sechzehnjährigen Freundin, die ebenfalls noch im selben Jahr an Leukämie starb!

Der Durchbruch

Eine Sängerin, die ich Elise nennen will, da ich ihr Vertraulichkeit zugesichert habe, erzählte mir die Geschichte ihres «großen Durchbruchs», der völlig unverhofft, ja fast gegen ihren Willen erfolgte. Wie die meisten berufsmäßigen Sängerinnen hatte Elise jahrelang Gesangs-, Schauspiel- und Tanzunterricht genommen – auf eigene Rechnung und im vollen Bewußtsein, daß die Chancen, irgendwann von ihren Auftritten leben zu können, nicht allzu groß waren. Doch sie machte weiter, weil sie wie alle Künstler ihre Arbeit trotz aller Schwierigkeiten, Enttäuschungen und Ungewißheiten liebte.

Da Elise eine klassische Ausbildung zur Opernsängerin genossen hatte, war sie nicht sonderlich daran interessiert, in Musicals aufzutreten. Ihr Gesangslehrer und etliche Kollegen ermunterten sie zwar immer wieder, sich um solche Rollen zu bemühen, da sie Esprit, einen ausgeprägten Sinn für Humor und eine bemerkenswert vielseitige Stimme besaß, doch sie schlug all die gutgemeinten Ratschläge in den Wind und versuchte ihr Glück weiterhin in der sehr kleinen Welt der Oper mit ihrer sehr großen Konkurrenz. Elise hatte einen Termin zum Vorsingen nach dem anderen, aber nur dann und wann erhielt sie eine kleine Rolle in lokalen Aufführungen, und sie jobbte tagsüber, um ihren Lebensunterhalt zu verdienen.

Für die Aufführung einer beliebten Oper in einem kleinen, aber renommierten Opernhaus übte Elise gut einen Monat lang eine Arie, die sie bei der Anhörprobe vortragen wollte, und da sie wußte, daß sie abends besser sang als morgens, bat sie extra um einen möglichst späten Vorsingtermin. Als sie in dem Gemeinde-Zentrum erschien, in dem die Anhörproben stattfanden, war ihr schlagartig klar, daß etwas nicht stimmte, denn außer einer Frau, die am anderen Ende der Empfangshalle vor einer Tür mit dem Schild «Anhörproben» ihre Unterlagen in eine Mappe packte, schien niemand mehr da zu sein. Aufgeregt, aber bemüht, die Fassung zu bewahren, lief Elise auf die Frau zu: «Sagen Sie bloß nicht, das Vorsingen ist schon vorbei. Ich bin für fünf Uhr bestellt.»

Die Frau schaute sie überrascht an. «Doch, die Proben sind bereits zu Ende», antwortete sie, «aber die Jurymitglieder sind noch da. Ich werd mal sehen, ob Sie doch noch vorsingen können.»

Nach einer kurzen Unterredung hinter verschlossener Tür kehrte die Frau zurück und führte Elise hinein. Elise erinnerte sich noch daran, daß der Pianist ihr einen seltsamen Blick zuwarf, als sie ihm ihre Noten reichte. Sie habe seinen befremdeten Gesichtsausdruck damals jedoch nur am Rande registriert und ihn dem Umstand zugeschrieben, daß sie sich offenbar im Termin geirrt hatte. Hinter einem langen Tisch saßen zwei Männer und eine Frau, die sie erwartungsvoll ansahen, ohne eine Miene zu verziehen. Elise konzentrierte sich und begann mit der italienischen Koloratur-Arie, die sie eingeübt hatte. Sie hatte das Gefühl, das es sehr gut lief, und zum Schluß dankte sie den Jurymitgliedern etwas herzlicher als sonst, weil sie ihr die Verspätung nachgesehen hatten. Als sie ihre Sachen zusammenpackte, bedankte ein Jurymitglied sich bei ihr und fragte sie dann merkwürdigerweise, ob sie auch etwas Englisches vorbereitet habe.

Verständnislos antwortete Elise, sie habe nicht gewußt, daß die Oper in einer englischen Übersetzung aufgeführt werden sollte.

«*Candide?*» erwiderte der Mann mit hochgezogenen Augenbrauen. Er meinte Leonard Bernsteins opernhafte musikalische Komödie, die seit langem zum Standard-Repertoire vieler Bühnen gehört.

In diesem Augenblick begriff Elise, daß sie sich auf die falsche Anhörprobe verirrt hatte. «Also ich weiß wirklich nicht, was ich sagen soll. Ich dachte, ich würde für eine andere Aufführung in einem anderen Opernhaus vorsingen.»

Die Frau an der Tür lachte. «Das ist morgen. Die Anhörproben für die Oper sind erst morgen. Am Sonntag.»

Der Mann, der sich als Regisseur des Musicals entpuppte, gab dem Pianisten ein Zeichen und fragte Elise, ob sie denn etwas vom Blatt singen könne. Elise war ein wenig gekränkt, doch zugleich fühlte sie sich herausgefordert. Sie trug das ihr unbekannte Stück vor, und als sie fertig war, begriff sie, daß die Jurymitglieder eine Sängerin für die schwierige Rolle von Candides Frau Kunigunde suchten und ernsthaft an ihr interessiert waren. Tatsächlich bekam sie die Rolle. Später erfuhr sie, daß von den drei Sopranistinnen, die an jenem Tag vorgesungen hatten, nur sie in der Lage gewesen war, das Stück fehlerfrei vorzutragen. Die anderen verfügten entweder nicht über Elises professionelle Ausbildung oder kamen mit Bernsteins Musik nicht zurecht.

Elises Auftritt in dem Musical trug ihr viele gute Kritiken ein und Angebote für Aufführungen in der Stadt und im weiteren Umkreis, allerdings waren es überwiegend Rollen in Musicals. Am Ende der Geschichte ihres unverhofften Durchbruchs sagte Elise zu mir: «Ich beschwere mich nicht. Ich mußte mich offenbar erst auf die falsche Anhörprobe verirren, um aufzuwachen und endlich das zu tun, was ich schon die ganze Zeit hätte tun sollen. Inzwischen trete ich regelmäßig auf. Es geht mir richtig gut. Und darauf kommt es doch schließlich an. Trotzdem möchte ich nicht, daß alle

Welt erfährt, daß ich damals aus purer Zerstreutheit am falschen Ort mit der falschen Musik landete. Das wäre schlecht fürs Image, verstehen Sie. Eine Diva bleibt wohl eine Diva, selbst in der musikalischen Komödie.»

Die Nachricht

Charlottes Sohn Todd, ein lebensprühender und unternehmungslustiger junger Student, wurde an Silvester in der Nähe seines Colleges von einem betrunkenen Autofahrer getötet. Da sein Körper bei dem Unfall schlimm zugerichtet worden war und der Schock und der Schmerz über seinen jähen Tod Charlotte völlig lähmten, brachte sie weder den Mut noch die Kraft auf, ihren toten Sohn noch einmal zu sehen. Ihr Ehemann war über diese Tragödie ebenfalls erschüttert, reagierte jedoch gefaßter. Er hielt es ebenfalls für besser, wenn Charlotte nicht mit der grausigen Realität konfrontiert wurde, die der Unfall geschaffen hatte, und so veranlaßte er, daß Todds Leichnam im verschlossenen Sarg aufgebahrt und anschließend verbrannt wurde.

Bei der Arbeit mit Trauernden habe ich immer wieder festgestellt, daß die Möglichkeit, den Verstorbenen noch einmal zu sehen – so schmerzlich und schrecklich dieses Abschiednehmen auch ist –, es den Hinterbliebenen erleichtert, loszulassen und wieder nach vorne zu schauen. Charlottes Geschichte bestätigt das:

Ich hätte damals wirklich nichts anderes tun können; doch danach quälte mich monatelang das Bewußtsein, daß ich Todd nie wiedersehen würde. Es machte mir immer mehr zu schaffen, daß ich keine Gelegenheit hatte, mich von ihm zu verabschieden, daß mir der Mut gefehlt hatte, der Realität ins Auge zu sehen. Mein Mann tröstete mich immer wieder, sagte mir, daß ich das Richtige getan hätte, daß es besser sei, Todd so in Erinnerung zu behalten, wie er war. Doch ich konnte nur erwidern, daß mir immer deutlicher etwas fehlte. Manchmal saß ich nur da und schaute mir unsere Fotoalben an; ich betrachtete die vielen Bilder von unserer Familie und sagte mir: «Es ist vorbei, Charlotte, endgültig vorbei. Todd ist nicht mehr da. Keine Erinnerungen mehr.»

Meine Unfähigkeit, mein gewohntes Leben wiederaufzunehmen, zermürbte uns beide. Man hörte ja immer wieder, daß Ehen nach dem Tod eines Kindes zerbrechen, aber wenn man es nicht selbst erlebt, kann man es sich nicht vorstellen. Jetzt, wo ich nach all den Jahren wieder darüber rede, ist mir klar, daß ich damals in meinem Schmerz gefangen war und für meinen Mann wirklich eine ziemliche Belastung gewesen sein muß.

Eines Tages, als ich wieder zu Hause weinend über den Fotoalben saß und mir wie immer wünschte, daß ich ihn wenigstens noch einmal sehen könnte, hörte ich den Postboten kommen. Ich ging zum Briefkasten und fand darin – einfach unglaublich – einen großen Manilapapierumschlag von Todd. Mir standen die Haare zu Berge, Schauer überliefen mich. Der Umschlag war ziemlich ramponiert, und als ich ihn mir genauer anschaute, sah ich, daß er genau an dem Tag aufgegeben worden war, an dem Todd getötet wurde, am 31. Dezember. In dem Umschlag steckten eine kurze Nachricht von Todd und ein Stoß Fotos von unserem letzten gemeinsamen Weihnachtsfest. Er hatte sie entwickeln lassen und an dem Tag an mich abgeschickt, aber den Umschlag nicht richtig frankiert, so daß er zurückging und dann monatelang hin- und hergeschickt wurde.

Sie können sich meine Reaktion sicher vorstellen. Es war, als hätte das Universum mir das größte Geschenk gemacht, als würde mir gesagt: «Schau, er ist immer noch da. Du kannst dein Leben fortsetzen. Für alle, die Todd kannten, bleibt er der, der er war. Sein Leben ist nicht vorbei. Er ist da. Er ist tot, doch auf eine Art lebt er weiter.» Zumindest verstand ich es so. Wirklich erstaunlich!

Charlotte schwieg eine ganze Weile – mit einem bittersüßen Lächeln auf dem Gesicht. «Ich weiß nicht, was mich aus diesem Zustand herausgerissen hätte, wenn ich nicht den Brief und die Bilder von ihm erhalten hätte und damit die Möglichkeit, ihn wiederzusehen. Danach wurde alles besser. Allerdings nie gut. Ich glaube nicht, daß man sich von so etwas je erholen kann, doch der Zufall mit den Bildern brachte seinen Tod und sein Leben für mich zusammen, so als würde ein Kreis sich schließen. Von da an war ich in der Lage, mein Leben fortzusetzen. Ich kann es immer noch nicht glauben . . .»

ROBERT H. HOPCKE

Erlebnisse mit Engeln

ENGEL, griechisch *angelos*, Bote, die Vorstellung von Mittelwesen zwischen Gott und Mensch.

BROCKHAUS ENZYKLOPÄDIE

Gleich von der Geburt an begleitet einen jeden ein Schutzgeist, der unbemerkt sein Leben leitet.

MENANDER, *Fragmente*

Begegnung mit einem Engel

Bei manchen Strandwanderungen wird man wie von selbst geführt.

Man ist so in sich versunken, daß sich Entfernungen auflösen. Man will nicht mehr zurückschauen, viel weniger umkehren. Ein Schritt setzt sich vor den anderen, aus einem inneren Zwang heraus, vorwärtszuschreiten in ein Land zwischen Traum und Wirklichkeit, wo die Grenzen zwischen Bewußtsein und Unterbewußtsein sich verlieren. Man kann süchtig werden nach diesem Zustand.

Das rhythmische Auf und Ab der begleitenden Wellen mit den immer wiederkehrenden Geräuschen wirkt wie eine sanfte Hypnose und mischt in dein Laufen das Schweben. Irgendwie fühlst du dich zu Hause und geborgen.

Kurz nachdem die Flut in Ebbe übergegangen war, hatte ich meine Strandwanderung begonnen. Nach etwa zwei Stunden stand ich vor einem dreißig Meter breiten riesigen See, der sich durch die Überflutung des Strandes gebildet hatte. Ich begann, ihn zu durchwaten. Das Wasser war wohlig warm durch die Hitze des heißen Sandes. Der See wurde immer tiefer und die Strömung immer stärker. Die Füße fanden keinen sicheren Halt mehr, zu schleimig und glitschig war der Grund. Ich verfing mich in einer Vertiefung und kippte um.

Nun lag ich mit Hemd, Hose und Rucksack im Wasser und versuchte erneut, Boden unter den Füßen zu gewinnen. Vergebens.

Ich versuchte zu schwimmen. Der Rucksack zog mich in die Tiefe und hinderte mich, auf die Füße zu kommen. Es war schwierig, nicht in Panik zu geraten.

Plötzlich streckte sich mir eine kräftige Hand entgegen.

Ein Mann stand vor mir, groß, breit, mit einem wie aus Marmor gemeißelten Kopf, eine Christophorus-Figur.

Er sagte mit ruhiger Stimme:

«Haben Sie keine Angst. Es besteht keine Lebensgefahr. Wir kommen sicher ans Land.»

Sein fester Handgriff zog mich hoch, er führte mich durch das unruhige Wasser:

«Sie haben sich aber auch den schwierigsten Übergang ausgesucht, den es hier gibt!»

Genauso plötzlich, wie er gekommen war, war er wieder verschwunden.

In meinem Rucksack fand sich trockene Kleidung, wasserdicht abgepackt, so daß ich trocken weiterwandern und später, am Los Gorriones, den Bus nach Hause benutzen konnte. Ein zweites Wunder, wenn man so will, da diese Zusatzausrüstung nicht immer im Rucksack war.

Wenn es noch Engel auf dieser Welt gibt, dann war das einer. Das weiß ich heute.

Man sollte offen sein für solche Begegnungen.

KARL KONRADIN LANG

Der Beschützer in der Scheune

Seit dem fünften Schuljahr ritten Katie Lowell und Michelle Sanders zusammen aus. Sie lebten in einer ländlichen Gegend an der Ostküste. An ihrem achtzehnten Geburtstag im Jahre 1980 wurde Katie stolze Besitzerin von Blaze, einem wunderschönen haselnußbraunen Pferd mit weißen Flecken auf der Schnauze.

Michelle wohnte auf einer riesigen Farm mit vielen Scheunen und jeder Menge Weideland, und Katie hatte Blaze dort untergestellt. «Jeden Morgen vor der Schule setzte mich mein Vater auf dem Weg zur Arbeit vor der Scheunentür ab», erklärt Katie. «Ich fütterte Blaze und brachte ihn auf eine der Weiden. Dann liefen Michelle und ich gemeinsam die Einfahrt hinunter zum Schulbus.»

Nach der Schule gingen die Mädchen denselben Weg zurück. «Manchmal konnte ich Blaze nicht sehen, weil er von den Hügeln verborgen war», sagte Katie. «Aber wenn ich ihn rief, kam er sofort angaloppiert, in vollem Tempo.» Die Mädchen striegelten dann ihre Pferde und sattelten sie, damit sie noch ausreiten konnten, bevor es dunkel wurde. Irgendwann würde Katies Vater kommen und seine Tochter abholen. Es war ein perfektes Arrangement.

Meistens ging Michelle nach Hause, bevor Katies Vater kam. Da von den anderen Pferdebesitzern um diese Zeit keiner mehr da war, blieb Katie solange allein. «Aber ich fand es wunderbar», sagt sie. «Die Farm war ein friedlicher Ort, und ich hatte nie Angst.»

Eines schönen Nachmittags Ende Oktober stiegen Katie und Michelle aus dem Schulbus und rannten zu der Weide, auf der die Pferde warteten. Die Mädchen ritten eine Weile aus, und schließlich wurden die Schatten immer länger.

«Ich muß beim Abendbrot helfen», seufzte Michelle, rutschte vom Pferd und brachte es auf die Weide zurück. Michelle mußte immer in der Küche helfen.

Katie streckte ihrer Freundin die Hand hin, um sich zu verabschieden, hielt aber inne. Ihr war sonderbar zumute. Sie hatte plötzlich, ohne ersichtlichen Grund, Angst. «*Mußt du denn schon gehen?*» fragte sie.

Michelle warf ihr einen verwunderten Blick zu. «Sicher muß ich. Ich darf nie so lange draußen bleiben wie du, das weißt du doch.»

«Kannst du nicht noch ein bißchen länger bleiben?» flehte Katie. Ihre merkwürdige Angst wuchs von Minute zu Minute. Michelle sah sie noch verwunderter an. «Natürlich nicht. Außerdem wird es dunkel, und dein Vater wird bald hier sein. Bis morgen dann!» Winkend lief sie auf das Haus zu.

Katie winkte nicht zurück. Sie hatte inzwischen furchtbare Angst. Aber alles schien normal zu sein. Warum diese sonderbare Unruhe? Sie würde schnell ihre Arbeit in der Scheune erledigen und draußen auf ihren Vater warten, beschloß sie. Normalerweise trennte sie sich nur ungern von der Farm, aber heute sehnte sie sich nach dem Auto ihres Vaters.

Katie führte Blaze in den Stall und striegelte ihn eilig. In der Scheune wurde sie noch unruhiger, sie hatte das Gefühl, beobachtet zu werden. Aber es war niemand zu sehen. Endlich war sie fertig. Doch als sie gehen wollte, sah sie, daß die Pferde nicht genügend Heu zu fressen hatten. Sie mußte auf den Heuboden steigen und welches hinunterwerfen.

«Die oberen drei Böden der Scheune wurden als Heulager benutzt», sagt Katie. «Der Boden über den Ställen war in vier Ecken aufgeteilt, eine für jedes Pferd, damit die Pferdebesitzer wußten, wieviel Heu sie verbraucht hatten und wann sie neues kaufen mußten.»

Katie kletterte die Leiter zum Heuboden hoch. Bei jedem Schritt wuchs ihre Angst. Irgend etwas stimmte nicht. Sie spürte es, ohne zu wissen, warum. Ihr Instinkt sagte ihr, sie solle fortlaufen, daß sie in Gefahr schwebe, daß ihr etwas Furchtbares zustoßen werde. Aber es war undenkbar, daß sie ihren geliebten Blaze ohne Heu zurückließ. Als sie oben angekommen war, legte sie die Hand an die Tür und wollte sie aufstoßen.

«Katie», sagte genau in diesem Moment eine Stimme. «Katie, schließ die Tür. Geh nicht hoch. Geh hinaus, setz dich still hin und warte auf deinen Vater.»

Die Stimme war nicht laut. «Obwohl sie weder eindeutig weiblich noch männlich war, klang sie irgendwie maskulin», sagt Katie. Die Stimme hörte sich ruhig, bestimmt und klar an – und gar nicht furchterregend. Aber sie *befahl*.

Verblüfft drehte sich Katie nach der Stimme um. Aber es war niemand hinter ihr. Außer ihr war niemand in der Scheune. Sie zögerte nicht zu gehorchen. Hastig stieg Katie die Leiter hinunter, flitzte hinaus und wartete am gewohnten Platz auf ihren Vater. Sobald er da war, sprang sie ins Auto. «Ich fühlte mich erst sicher, als die Scheune außer Sichtweite war», sagt sie.

Am nächsten Morgen fuhr Katies Vater sie wie immer zur Farm. Als sie die Farm erreichten, sahen sie überall Polizei. Katies Vater stieg aus. «Was ist passiert?» fragte er einen Beamten.

Katie folgte ihm ängstlich. Ging es Blaze gut? Was war geschehen?

«Jetzt ist alles wieder in Ordnung», versicherte der Beamte. «Aber gestern ist ein Gewalttäter aus einer Anstalt ausgebrochen und verirrte sich hierher.»

«Hierher?» Katies Herz fing an, schneller zu schlagen.

«Ja.» Der Polizist deutete auf die Seite der Scheune, wo sich Blaze' Stall befand. «Er hatte sich auf dem Heuboden versteckt, auf einem Heubett, das er sich in der Ecke gemacht hatte.»

In *ihrer* Ecke. Wo ihr Heu lagerte. Dort, wo sie beinahe die Tür aufgemacht hatte . . .

Der Beamte schüttelte den Kopf. «Neben ihm lag eine Mistgabel. Damit wollte er sich verteidigen, falls er entdeckt würde. Ein Glück, daß niemand hineingegangen ist, bevor wir ihn gefunden haben.»

Ein Glück? Katie erinnerte sich an die namenlose Angst, die sie überkommen hatte, an die freundliche Stimme, die sie aus der Scheune geschickt hatte, und sie wußte – würde es niemals vergessen –, daß es weit mehr war als das.

JOAN ANDERSON

Mein Schutzgeist heißt Lukas

Auf einem Flug von Berlin nach München kam ich zufällig (also durch Bestimmung) eine Reihe vor dem Schauspieler und Regisseur Maximilian Schell zu sitzen. Wir hatten uns länger nicht gesehen und freuten uns beide über das unerwartete Treffen. Auf diesem Flug erzählte er mir unter anderem, daß der Mann seiner Schwester Immy, der Schauspieler Walter Kohut, unerwartet gestorben sei. Die Trauer seiner Schwester sei grenzenlos, sagte er, und daß er mit ihr

zusammen für einige Tage in ein Sanatorium am Chiemsee
fahren werde, zur Erholung. Wir verabschiedeten uns am
Flughafen in München, bis irgendwann einmal.

Über das Gespräch dachte ich nicht mehr nach, denn weder kannte ich die Schwester Immy noch eigne ich mich als
Witwentrösterin oder Klageweib.

Einige Tage später kam eine Freundin zu Besuch, die sich
immer darüber beschwert hatte, daß ich «allen helfen
würde, nur ihr nicht». Das wollte ich nicht auf mir sitzen
lassen, und so geriet ich in eine der folgenreichsten Sitzun-
gen meines Lebens.

Nach anfänglicher Unruhe im Raum kam folgendes Gespräch zustande: «Hier ist Walter Kohut.»

«Wer sind Sie? Ich habe Sie nicht gerufen.»

«Ich bin der Mann von Immy Schell. Sie müssen sofort zu
ihr fahren.»

«Warum?»

«Ihr Leben ist in Gefahr!»

«Und was habe ich damit zu tun?»

«Sie müssen ihr klarmachen, daß sie sich nichts antun darf.»

Obwohl ich die Ernsthaftigkeit seiner Aussage begriff,
mußte ich lachen. «Wie stellen Sie sich das denn vor? Ich
kann doch nicht zu einer wildfremden Frau fahren und sagen, ‹es tut mir sehr leid, daß Ihr Mann gestorben ist, ich
habe eben mit ihm gesprochen›.»

«Doch.»

Ich wurde nervös. So etwas war mir im Leben noch nicht
passiert. Ich hatte noch nie mit eben Verstorbenen zu tun
gehabt, noch dazu mit einem, der eine direkte Forderung an
mich richtete. Trotzdem tat ich, was er wollte.

Ich fuhr in das Sanatorium und traf eine vom Schmerz
gezeichnete und unansprechbar wirkende Frau an. Als ich

ihr Zimmer betrat, hob sie kaum den Kopf. Ihre Bewegungen erschienen mir zeitlupenhaft verlangsamt.

Ich nahm all meinen Mut zusammen und sagte: «Ich weiß, es klingt unglaublich, aber ich habe gestern mit Ihrem Mann gesprochen.»

Sie reagierte kaum. «Mein Mann ist tot», erwiderte sie tonlos. «Niemand kann mehr mit ihm reden.»

Ich entschloß mich zum Frontalangriff.

«Er ist tief besorgt wegen Ihrer Absicht, nicht weiterleben zu wollen.»

Zum ersten Mal hob die Frau ihren Kopf, und ich konnte ihr Gesicht sehen.

Ich weiß, daß vieles, was ich hier erzähle, unwahrscheinlich klingt, doch es ist nichts als die erlebte Realität. Und diese Realität spielt sich mit einer solch luziden Intensität ab, daß ich mich noch heute an jede Minute so klar erinnere, als hätte sich alles erst gestern abgespielt.

Als ich dieses Gesicht zum ersten Mal direkt vor mir sah, mit diesen vom Schmerz verhangenen Augen und dem in Erschöpfung halb geöffneten Mund, da erinnerte ich mich. Dieses Gesicht kannte ich. Es war mir so vertraut wie mein eigenes. Ach, du warst in längst vergangenen Tagen meine Schwester oder meine Frau ... Und ich beschloß, den Kampf aufzunehmen.

«Sie müssen weiterleben wollen», sagte ich eindringlich.

Da brach es aus ihr heraus mit aller Energie und Kraft, die sich jetzt nur mehr auf dieses eine konzentrierte: «Ich will nicht mehr leben!» Und sie begann so hemmungslos zu weinen, wie ich selten einen Menschen habe weinen sehen.

Ich wollte meine Hand ausstrecken, um sie zu streicheln, doch im gleichen Moment hörte ich mental ein scharfes «Nicht trösten!».

Immy faßte sich nach ein paar Minuten, stand mühsam auf und holte sich Taschentücher.

«Wer sagt mir denn, daß mein Bruder Sie nicht geschickt und Ihnen alles vorher erzählt hat», murmelte sie schließlich mißtrauisch.

«Er hat mich weder geschickt noch informiert», gab ich zurück. «Alles, was ich weiß, stammt von Ihrem Mann.»

Und ich erzählte ihr genauestens von diesem Gespräch.

«Könnten Sie auch jetzt mit meinem Mann in Kontakt treten?» unterbrach sie mich plötzlich.

Ich nickte.

Sie ballte die Hände zu Fäusten und sagte: «Was war der Lieblingsgegenstand meines Mannes in unserer Wiener Wohnung?»

«Ein Bild», sagte ich, «ein Gemälde.»

Sie starrte mich an wie einen Geist und flüsterte: «Das können Sie nicht wissen.»

«Ich weiß es auch nicht», gab ich ihr recht, «aber Ihr Mann hat es mir eben gesagt.»

Im selben Moment wurde mir klar, daß ich vorsichtig sein mußte, wollte ich nicht mein restliches Leben als mehr oder weniger gut funktionierendes Telefon ins Jenseits verbringen. Jedenfalls war das erste Eis gebrochen, und ich konnte ihr ein wenig über die Vorgänge des sogenannten Sterbens berichten. Ich blieb noch eine Stunde, dann schien Immy erschöpft und ruhebedürftig. Ich fuhr nach Hause.

Wenige Tage später läutete nachts das Telefon und eröffnete damit einen nie mehr endenden, sich durch schlechte wie durch gute Zeiten ziehenden Reigen.

«Penny», sagte Immys immer leicht angerauhte Stimme, «ich habe mir überlegt, daß Sie vielleicht doch von dem Bild gewußt haben könnten, oder es war Telepathie.»

«In Ordnung», nahm ich den Fehdehandschuh an. «Was wollen Sie wissen?»

Ich hörte das Klicken eines Feuerzeugs und das tiefe Atemholen eines ersten Zuges an einer Zigarette.

«Was hat mein Mann immer zu mir gesagt, wenn wir nach Wien gefahren sind?»

Ich hörte nach innen. Nichts. «Ich ruf Sie in einer halben Stunde an», sagte ich und legte auf.

Kaum lag der Hörer auf der Gabel, hörte ich zwei Stimmen. Die eine war das unverkennbar wienerisch gefärbte Idiom Walter Kohuts, während ich in der anderen Stimme denselben Sprecher wiedererkannte, der «nicht trösten» gerufen hatte. Die Unterhaltung hörte sich ungefähr so an:

W. K.: «Wenn sie jetzt genau das sagt, was Immy denkt, wird es wieder heißen, es war Telepathie.»

Zweiter Sprecher: «Wir müssen etwas finden, an das sie nicht denkt, was aber trotzdem den Sinn erfaßt.»

W. K.: «Wart mal, ich muß nachdenken. Das ist schwer.»

Zweiter Sprecher: «Nehmen wir doch ein einfaches Stichwort.»

W. K.: «Ja, das ist gut. Sie soll ‹Flugzeug› sagen.»

Zweiter Sprecher: «Nein, ‹zurückfliegen› ist besser.»

Kleine Pause.

W. K.: «Ja, er hat recht. Also ruf an und sag ‹zurückfliegen›.»

Ich wählte Immys Wiener Nummer. Sie nahm beim ersten Läuten ab.

«Zurückfliegen», sagte ich.

Ich hörte das Krachen eines zu Boden fallenden Telefonhörers. Sekunden vergingen. Endlich ein schweres Atmen und Immys mühsam funktionierende Stimme.

«Du hast gewonnen, es stimmt.»

Der Verdacht der Telepathie fiel eindeutig weg. Denn Immy hatte sich auf folgende Sätze konzentriert: «Ich hasse diese Autofahrerei. Zurück kannst du allein fahren.» *Das* war der Satz, den sie eigentlich hören wollte. Doch sie war regelrecht und klug überlistet worden. Walter Kohut hatte mit «zurückfliegen» die Summa summarum der Diskussion zusammengefaßt und mich so über jeden Zweifel gestellt.

Ab sofort konnte man mit Immy arbeiten. Manchmal war die Arbeit der reinste Kampf, oft aber auch das reinste Vergnügen. Sie forderte alles, aber gab auch alles. Als das Blatt sich wendete und *meine* dunkle Zeit anbrach, zog sie mich mit derselben sturen Hartnäckigkeit durch die Gefahrenzone wie ich einst sie. Doch unsere gemeinsamen Erlebnisse beschränkten sich nicht nur auf Trauriges und Schmerzliches. Eines Tages waren wir mit zwei Autos auf dem Weg zu Freunden. Immy vornedran, ich hinterher. Mitten unter der Leuchtenberger-Brücke – einer riesigen Unterführung in München – blieb Immys BMW stehen. Kein Mucks mehr. Ich parkte hinter ihr und ging an ihr Fenster. Immy saß mit verkniffenem Mund hinter dem Steuer und versuchte zu starten. Ohne Erfolg. Gang rein, Gang raus, nichts.

Um die folgende Geschichte in ihrer Sensationalität zu begreifen, muß man wissen, daß ich technisch ein totaler Blindgänger bin. Null Ahnung. Ich weiß gerade noch, wo das Öl hineinkommt, aber auch da war schon mal eine Motorwäsche fällig, weil ich in meiner ständigen Geistesabwesenheit vergessen hatte, den Schraubverschluß hinterher wieder zu verschließen.

Also, ich stehe da und schau der armen Immy zu, als ich plötzlich die bekannte Stimme sagen höre: «Mach mal die Motorhaube auf.»

«Immylein», sagte ich sanft, «mach mal die Motorhaube auf.»

Immy streckte ihr Gesicht mit geschlossenen Augen gen Himmel und seufzte tief, als hätte ich ihr einen grausam seelischen Schmerz zugefügt. Dann sah sie mich scharf an. «Penny», skandierte sie mit drohendem Unterton. «Du magst ja eine gute Sängerin sein, und vielleicht bist du auch eine brauchbare Schriftstellerin, aber komm mir jetzt nicht und tu so, als ob du auch noch Automechaniker wärst.»

«Keine Sorge», sagte ich, «mach die Motorhaube auf.»

Mit einem wütenden Ruck zog Immy an dem Griff, der den Deckel öffnete, und sah starr an mir vorbei auf die neben uns zäh dahinfließende Autoschlange.

Ich stemmte das Blech hoch, und dann war mein Kopf plötzlich ein anderes Hirn. Ich kannte jeden Kontakt, prüfte die Batterien, die Ölleitungen. Ich wußte genau jede Funktion. Schließlich geriet ich an die Lichtmaschine, fand in Sekunden den Fehler, den der Mechaniker am Nachmittag beim Einbau eines Blinkerlämpchens gemacht hatte, steckte die Drähte um, schloß die Birne neu an, ohne auch nur einen Moment zu überlegen, was ich denn da eigentlich tat.

«Alles klar», sagte ich oder wer auch immer. «Starte jetzt mal ganz normal.»

Das Auto sprang an wie Butter. Immy brachte den Mund nicht mehr zu.

Seit diesem Tag geht in der Schell-Familie die Mär um, daß ich außer den sattsam bekannten mehr oder weniger nebulösen Talenten auch noch der perfekte Automechaniker wäre. Ich habe sie – gefallsüchtig wie ich bin – in diesem Glauben gelassen. Aber man glaube nur nicht, daß dieses Wunder auch nur einmal funktioniert hätte, wenn mein

Karren stehenblieb. Da mochte es dann schon bitte der ADAC sein (die *gelben* Engel, haha).

Eines Tages meldete sich einer unserer Sprecher zum ersten Mal mit Namen. Er nannte sich Lukas und erzählt, er sei früher Leibarzt eines Königs gewesen, gab genaue Daten und auch historische Einzelheiten an, die keinem von uns beiden bekannt waren. Ich besitze einen uralten Brockhaus. Nachdem wir unsere Sitzung beendet hatten, stürzten wir uns natürlich sofort auf den entsprechenden Potentaten und fanden die von dem sogenannten Lukas gemachten Angaben bis ins kleinste bestätigt . . . Ab sofort wurde der arme Lukas von der ganzen Familie frequentiert, was er mit Fassung und Humor ertrug.

Ein Beispiel: Eines Tages rief mich meine Mutter aus Österreich an und jammerte, daß sie einen bestimmten Gegenstand nicht finden könnte. Sie habe jetzt schon tagelang gesucht und sei völlig verzweifelt.

Ich sagte ihr, daß ich niemals Schwierigkeiten hätte, Dinge zu finden. «Wenn ich etwas vermisse», berichtete ich ihr, «dann informiere ich meinen Schutzgeist, und innerhalb von fünf Minuten kommt der Hinweis.»

Meine Mutter lauschte fasziniert. «Meinst du, du könntest ihn mir mal kurz leihen?» fragte sie halb im Ernst, halb im Scherz.

«Aber klar doch», versicherte ich ihr. «Erzähl ihm, was du suchst, und bitte ihn um schnelle Information.»

Fünf Minuten (!) später rief eine total aufgelöste Mutter an. «Du wirst es nicht glauben», sagte sie ehrfürchtig, «ich habe deinem Lukas erklärt, was ich suche und daß ich es dringend brauche, und plötzlich . . .» Sie machte eine Pause, um zu wiederholen: «Plötzlich hatte ich das Gefühl, jemand zieht mich an eine bestimmte Schublade, in der ich schon hundertmal gesucht hatte, und mit einem Griff hatte ich das Ding.»

Seitdem wird Lukas auch in Österreich stark beschäftigt, wobei gesagt werden muß, daß «mein» Lukas sich natürlich nicht um Mutters verlorene Dinge gekümmert hat, sondern sie hat es bei dieser Gelegenheit zum ersten Mal bewußt geschafft, mit ihrem für Alltagsdinge zuständigen Helfergeist zu arbeiten. Daß er – obwohl er wahrscheinlich ganz anders heißt – bei dieser Gelegenheit mit Lukas tituliert wurde, hat ihn sichtlich wenig gestört . . .

Eines schönen Abends im April des Jahres 1988 kam der Chef einer großen Münchner Presseagentur in meine Wohnung, um für eine Frauenzeitschrift Fotos zu machen. Ich zeigte ihm das gesamte Domizil, und als gründlicher Mensch wollte der Fotograf auch das Besenkammerl begutachten. Da ich auch an diesem unattraktiven Ort wirklich nichts zu verbergen habe, ließ ich ihn ohne Bedenken hinein und schaltete das Licht an, damit er auch meine Besen wirklich gut besichtigen konnte.

Plötzlich gab der Pressemann erstaunte Töne von sich und näherte sich ehrfürchtig einem in der Ecke des Raumes stehenden Bauernschrank, in dem ich meine Putzmittel aufzubewahren pflege.

«Oh», sagte er beeindruckt, «ein ‹Tiroler› aus dem achtzehnten Jahrhundert. Warum steht er denn da herinnen?»

«Weil draußen kein Platz ist», sagte ich ungerührt und schob ihn mit sanfter Gewalt aus der drangvollen Enge hinaus auf den Gang.

Dann arbeiteten wir fleißig drei Stunden lang und verabschiedeten uns mit den üblichen Bezeigungen vergangener, gegenwärtiger und vor allem künftiger Wertschätzung.

Es vergingen mehrere Wochen(!). Mein Auto mußte zum TÜV, sprich zuerst einmal in die Werkstatt. Der Kostenvoranschlag für das amtsübliche Frisieren meiner Rostlaube war gewaltig. Ich hatte die Wahl: entweder Auto in die Mülltonne oder Geld auf den Tisch. Leider waren nur der Tisch und die Mülltonne vorhanden. Und ohne Auto bin ich in meiner Triple-Funktion als Familienoberhaupt, Sängerin und Schriftstellerin schlichtweg aufgeschmissen.

Ich berief eine Krisensitzung in der Nacht um elf Uhr ein, mit meinen Schutzgeistern. Ich zweifelte keinen Moment daran, daß jeder sogenannte normale Mensch, der bei diesem Auftritt dabeigewesen wäre, an meiner geistigen Gesundheit gezweifelt hätte, und trotzdem kann ich mein Krisenrezept jedem nur allerwärmstens empfehlen.

Um es kurz zu sagen, ich schrie meine Schutzgeister an. Ich sagte, daß ich durchaus Verständnis für ihr Desinteresse am schnöden, weltlichen Mammon hätte, aber daß mich diese Ignoranz momentan mein Auto und meine letzten Nerven kosten würde. Ich bräuchte bis morgen mittag dreizehn Uhr 4000 DM und keinen Pfennig weniger, und das sei – bei aller Beachtung des mangelnden Zeitgefühls meiner Zuhörer – in vierzehn Stunden. Ich ließ noch einige zu diesem Thema passende Beschwerden nahtlos einfließen und beendete die Versammlung mit einer Lichtevokation. Selten hatte ich auf der Gegenseite eine so tiefe Stille vernommen wie zu jener späten Stunde.

Am nächsten Vormittag um elf (!) läutete das Telefon. Der vorher genannte Chef der Agentur meldete sich und sprach erst über das Wetter, mein Befinden (danke, bestens), sein Befinden (ebenfalls bestens), die Lage der Nation im allgemeinen (weniger bestens), und dann kam es:

Er müsse seit jenem Tag im April immer wieder an meinen schönen armen Bauernschrank denken, der in meinem Besenkammerl ein seinem alten Bauernadel völlig unangemessenes Dasein fristen müsse. Ein Hauch von Ahnung durchzog mein angestrengt lauschendes Hirn.

«Willst du ihn haben?» fragte ich. Ein tiefer Seufzer erklang vom anderen Ende der Leitung.

«Was soll er denn kosten?»

Ich will es von ihm hören, dachte ich, aus seinem eigenen Munde. Und so antwortete ich mit einer Gegenfrage. «Also sag schon, was zahlst du freiwillig?»

Ich hatte mit Feilschen gerechnet, mit einem Vortrag über die schlechten Zeiten, das bevorstehende Sommerloch und das Ansteigen der Benzinpreise. Doch nichts von alledem!

Die Antwort kam wie aus der Pistole geschossen: «Ich geb dir viertausend Mark.»

Ich bekam einen Lachanfall. Der Gute mißverstand meine Fröhlichkeit und versicherte mir, daß er natürlich wisse, daß das Prachtstück viel wertvoller sei, aber die schlechten Zeiten, das bevorstehende Sommerloch und auch das Ansteigen der Benzinpreise würden sein Angebot auf keinen Fall über den genannten Preis steigen lassen.

Ich sicherte ihm Verständnis und Transportmöglichkeiten zu, und am selben Abend war er glücklicher Besitzer eines Tiroler Bauernschrankes und ich eines Schecks über 4000 Mark.

Es war das einzige Mal, daß ich meine Jenseitigen mit finanziellen Problemen direkt konfrontiert habe, und ich bin sicher, daß es das letzte Mal war. «Man» hat begriffen.

PENNY McLEAN

Helfende Hände

Wilma Phillips leidet seit ihrem dreiundzwanzigsten Lebensjahr an Diabetes, aber trotz mehrerer ernster Zwischenfälle fühlte sie sich beschützt.

Eines Morgens winkte Wilma ihren acht- und neunjährigen Kindern, die im Schulbus fortfuhren, hinterher. Dann legte sie ihren neugeborenen Robby ins Kinderbettchen und brachte die neunzehn Monate alte Suzy ins Laufgitter. Endlich Ruhe! Jetzt konnte sie einen Brief schreiben. Wilma setzte sich an den Küchentisch. So gegen neun Uhr dreißig aber fing sie plötzlich an zu schwitzen, und ihr wurde schwindelig. Wilma wußte, sie hatte eine unerwartete – und gefährliche – Insulinreaktion, und sie mußte einen Schluck Orangensaft trinken oder etwas essen. Ihr Blutzuckerspiegel war zu niedrig. Wilmas Schwiegervater, ein Arzt, hatte ihr oft gesagt, daß eine solche Situation auch zu einem Koma führen könne – und dieses Koma sogar zum Tod. Aber sie war mit ihren Babys alleine und schon zu schwach. Sie konnte nicht einmal mehr zum Kühlschrank gehen. Wie schön wäre es jetzt, einfach nur zu schlafen . . .

«Plötzlich spürte ich eine Hand auf meiner Schulter, die mich so fest schüttelte, daß ich aufschrak», sagte sie. War Robert, ihr Mann, unerwartet nach Hause gekommen? Aber es war niemand in der Küche. Sie sank erneut vornüber. Und wieder rüttelte sie diese Hand wach.

Das Ganze wiederholte sich nun mehrfach. Wilma verlor das Bewußtsein und wurde von dem unsichtbaren Beschützer wachgerüttelt. Wie von fern hörte sie Suzy im Laufgitter schimpfen, weil sie ihr Mittagessen nicht bekam. Aber nach einer Weile wurde das Kind still. Robby schlief die ganze Zeit, obwohl er naß war und auch er nicht gefüttert wurde.

Die Stunden verstrichen. Um vier Uhr fünfzehn kamen endlich ihre älteren Kinder zurück. Wilma saß noch immer da, war jedoch bei Bewußtsein. «Mom!» rief eines ihrer Kinder bestürzt und holte ihr schnell ein Glas Orangensaft.

Obwohl sie sich in einem Koma befunden und beinahe hirntot gewesen war, ging es Wilma gut, auch wenn ihr Schwiegervater auf der Meinung beharrt, daß solch eine Genesung so gut wie unmöglich ist. Und warum haben die Babys nicht geweint? «Ich bin sicher, daß Gott an jenem Tag einen Engel ins Haus geschickt hat», sagt Wilma.

Ein paar Jahre später fuhr die Familie für ein Wochenende von ihrer Farm in Iowa aus nach Wisconsin. Freitag nacht übernachteten sie in einer Kleinstadt. Am nächsten Morgen dann wollte sich Wilma Insulin spritzen, aber sie konnte es nirgends finden. «Ich erinnerte mich, daß ich meine Tasche auf den Eßtisch gelegt hatte», sagte sie. Hatte sie sie dort vergessen? «Wir fahren zu einer Apotheke und kaufen, was du brauchst», beruhigte Robert sie.

Aber es war Sonnabend, und die Läden hatten geschlossen. Die Familie fuhr weiter, und das Auto fing auf einmal an, merkwürdige Geräusche von sich zu geben. Was, wenn sie jetzt auf dieser Landstraße liegenblieben? *Was* würde mit Wilma geschehen, wenn sie nicht irgendwoher Insulin bekam?

In diesem Augenblick vernahm Wilma eine klare Stimme: «Ich werde euch in Reedsburg versorgen», sagte eine unsichtbare Person bestimmt.

«Hast du das gehört?» fragte sie Robert.

«Was?»

Wilma wußte nicht, was sie sagen sollte. Hatte sie schon Halluzinationen? Und wo lag überhaupt Reedsburg?

Bald erreichten sie eine Stadt. «Vielleicht hat hier etwas offen», sagte Robert.

«Nein», erwiderte Wilma. «Das ist nicht Reedsburg.»

«Wilma, wovon sprichst du?» fragte Robert, inzwischen etwas aufgebracht.

Aber Wilma hatte recht. Alle Geschäfte waren geschlossen, und sie fuhren weiter. Das Auto machte immer noch sonderbare Geräusche, die Kinder hatten Hunger, und Wilma war skeptisch. Genau in diesem Moment fuhren sie an einem Schild vorbei. Reedsburg!

Vor ihnen lag eine Tankstelle. Sie bogen ab, und der Tankwart schaute sich den Wagen an. Es war nur ein kleines Problem, und während der Mechaniker es behob, erklärte Robert, daß Wilma Diabetikerin war und Insulin benötigte. «Unsere Apotheke hat noch nicht auf», sagte der Tankwart, «aber vielleicht kriegen Sie im Krankenhaus eine Spritze.» Er erklärte ihnen den Weg, und Robert beeilte sich weiterzufahren. Nach ungefähr einer Meile jedoch merkte er, daß er sich verfahren hatte. Inzwischen war Wilma ernsthaft besorgt. Die Kindern hatten sich schließlich auch auf diesen Ausflug gefreut, und sie wollte ihnen diesen Spaß nicht verderben. *Gott*, betete sie im Stillen, *wenn du es warst, den ich gehört habe, dann, bitte, hilf uns . . .*

In diesem Moment kam ihnen ein Auto entgegen. «Wissen Sie, wo das Krankenhaus ist?» rief Robert der Fahrerin zu.

«Ist jemand krank?» rief die Fahrerin zurück.

«Meine Frau braucht Insulin –», fing Robert an, aber die Insassin des Wagens unterbrach ihn.

«Fahren Sie rechts ran», sagte sie. «Ich bin selbst Diabetikerin, und ich habe alles zu Hause, was Ihre Frau braucht.»

Sie wendete, fuhr davon und war nach einer kurzen Zeit zurück, und zwar mit der richtigen Marke Insulin, Einwegspritzen und destilliertem Alkohol. Innerhalb von Minuten ging es Wilma besser. Die Familie fand schließlich eine Apotheke, wo sie weiteres Insulin kauften. Später suchten sie in der Nähe von Dells ein Hotel für die Nacht.

Aber die Zimmer waren alle viel zu teuer. Wilma erinnerte sich wieder an die Worte, die sie gehört hatte. «Warum fahren wir nicht nach Reedsburg zurück», schlug sie vor. Und tatsächlich fanden sie dort ein großes und preisgünstiges Zimmer.

Endlich! Sie brachten ihre Taschen aufs Zimmer und wollten dann ein weiteres Mal nach Dells fahren. «Warte – ich muß noch etwas aus meinem Koffer holen», sagte Wilma. Sie machte ihn auf, und da war ihre vermißte Arzneitasche. «Ich weiß, daß sie nicht hier war, als ich nachgeschaut habe», sagte sie. Aber Gott hatte versprochen, immer für sie zu sorgen, und das hatte Er auch getan, auf seine Weise.

JOAN WESTER

Die Begegnung mit einem Engel

Ich erinnere mich.

Am Anfang war die Begegnung mit dem Engel. Alles, was vorher war, liegt in durchsonntem Nebel. Es bewegt sich etwas darin, aber es bleibt undeutlich, und ich kann nichts erkennen; ich höre Stimmen, aber sie sind gedämpft, und ich kann sie nicht verstehen.

Ich kam aus diesem Licht, war darin warm und behütet,

und ich war ohne Zeit. Aber was da war und wer da war, ich habe es vergessen, ich weiß es nicht mehr. Doch an den Engel erinnere ich mich. Damals konnte ich schon laufen, die Klinken herunterdrücken und die Türen öffnen. Ich spielte mit der Puppe im Kinderzimmer, und das lag im ersten Stock. Ich wollte hinuntergehen, vielleicht zu meiner Mutter.

Ich konnte Treppen auf allen vieren hinauf- und notfalls auch rückwärts hinabkriechen; aber jetzt wollte ich sie hinuntergehen wie die Erwachsenen. Mit einer Hand hielt ich mich am Geländer fest. Da kam Polen-Irma, das Kindermädchen, das eigentlich auf mich hatte aufpassen sollen, aus dem Bügelzimmer, sah mich und schrie, weil sie glaubte, ich fiele jetzt die Treppe hinunter.

Aber ein Engel hob mich sanft auf, trug mich und setzte mich sechs oder sieben Stufen tiefer auf dem nächsten Absatz sanft nieder, sanft wie eine Feder. Ich fühle noch heute, wie behutsam er mich aufnahm, mit mir hinabschwebte und mich wieder hinstellte.

Gesehen habe ich ihn nicht, und er sprach auch nicht, aber ich hatte ihn doch gefühlt. Polen-Irma aber, oben an der Treppe stehend, schrie immer noch schrill und hob die Hände verzweifelt in die Höhe, auch ein anderes Dienstmädchen kam aus einer Tür und schrie. Dann sprangen sie endlich die paar Stufen herab und hielten mich fest, obwohl ich starr und sprachlos dastand und weder weitergehen wollte noch konnte.

«Es war ein Engel», sagten die Mädchen, «der hat dich getragen.»

Meine Mutter hatte das Geschrei gehört und kam schnell herauf. Sie fürchtete ein Unglück.

«Was ist ein Engel?» fragte ich, und sie erklärte es mir. Polen-Irma, mit der ich polnisch sprach, redete noch oft von dem Schutzengel. Sie war die einzige von uns, die ihn auch gesehen hatte.

Noch Jahrzehnte später, als ich den Glauben an die Wunder der Bibel, leider auch die Auferstehung Christi, längst verloren hatte, wollte ich doch nicht von dem Glauben an den Engel lassen, der mich einst getragen. Ich fühlte ja immer noch, wie er mich sanft die Treppenstufen hinabtrug.

Dabei war er später durchaus nicht immer auf seinem Posten. Schon einige Jahre nach seinem Erscheinen zum Beispiel, da ließ er zu, daß ich den rechten Mittelfinger, als ich in einem leeren Eisenbahnwagen spielte und die Tür zuknallte, so quetschte, daß der Fingernagel abgenommen werden mußte. Und später, in Schanghai, als ich dort bei meinem zweiten Aufenthalt zu Boden gegangen war, hat er mir keinen Finger gereicht. Etwa mit Absicht? Vielleicht um meinen Übermut zu dämpfen?

Aber wenn später im Leben größeres Unglück dicht an meinen Ohren vorbeipfiff, oder wenn Unheil wie ein Blitz dicht neben mir einschlug, fragte ich mich doch, ob er es wohl gewesen war, der den Blitz eine Handbreit abgelenkt hatte. Ob ich wirklich an ihn glaubte? Wohl nicht im Ernst. Ich ließ die Frage jedoch offen, ließ sie auch vor mir selbst im Zwielicht und fand das ganz amüsant. Man wird mich deshalb tadeln müssen. Ernsthaften, entschiedenen Menschen wie, sagen wir, Kierkegaard, wäre dieser Unernst ein Greuel gewesen. Auch Karl Jaspers hätte schweigend mißbilligt, wenn ich ihm von diesem halb geglaubten Engel erzählt hätte.

Das habe ich aber natürlich nicht getan. Ich habe überhaupt nie und mit niemand von dem Engel gesprochen, habe das Geheimnis in mir verborgen, habe manchmal selbst den Kopf darüber geschüttelt wie über eine unschuldige Marotte, die ich mir aus ästhetischem Leichtsinn leistete, aber ich hielt lange an ihm fest. Sprach nie von ihm. Denn ich wußte, wenn ich von ihm spreche, ist er mir verloren. Über ihn lächeln? Nein. Er hatte mich doch ausgezeichnet.

ERWIN WICKERT

Schutzengel mein . . .

Die fünfundfünfzigjährige Brenda Jennings aus Pennsylvania berichtet, wie sie die rechtzeitige Warnung aus unsichtbarer Quelle vor einem womöglich ernsthaften Unfall bewahrte. Ihre Geschichte gibt ein ausgezeichnetes Bild von der Wirksamkeit himmlischer Wachsamkeit.

«Meine erste Erfahrung mit Engeln, die ich nicht als Zufall abtun konnte, liegt mehr als zehn Jahre zurück», schreibt sie. «Morgens um halb elf fuhr ich über eine Schnellstraße, die zur Autobahn führte. Außer mir war niemand auf der langen Zubringerstrecke. Da hörte ich eine Stimme in meinem Kopf sagen: ‹Sei auf der Hut.› Den Ellbogen im offenen Fenster lehnend, hatte ich entspannt den wunderschönen Tag genossen und war froh, dem Büro entfliehen zu können, um eine Besorgung zu machen.

Die Stimme klang eindringlich, und die Wortwahl entsprach nicht der meinen. Ich hätte gesagt: ‹Aufgepaßt› oder ‹Gib acht›, aber niemals ‹Sei auf der Hut›. Mit einem Ruck setzte ich mich kerzengerade auf und umklammerte das Steuerrad mit beiden Händen. Ich begann zu schwitzen. Ich befand mich immer noch alleine auf der Fahrbahn.

Dann erreichte ich die Autobahn und reihte mich hinter den beiden einzigen vorüberfahrenden Autos ein. Verwirrt überlegte ich, woher wohl jene Warnung gekommen war. In diesem Augenblick schwenkte der erste Wagen scharf nach links, der zweite ebenfalls. Ohne abzuwarten warum, folgte ich ihrem Beispiel und wäre um ein Haar gegen einen eisernen Dreifuß gerast, der als Unterbau eines breiten Wohnwagens hätte dienen können.»

Im Rückspiegel sah Brenda, daß der Fahrer des kleinen Sportwagens hinter ihr Pech hatte. Er scherte zwar aus, doch es reichte nicht mehr. Er streifte den Dreifuß und verlor die Kontrolle. Der Wagen drehte sich um seine eigene Achse. Brenda betete unaufhörlich: «Gib, daß er sich nicht überschlägt!» Dem Fahrer gelang es schließlich, genügend Gewalt über sein Auto zu erlangen. Es überschlug sich nicht, sondern rollte rückwärts von der Autobahn.

Brenda schließt: «Ich weiß, ohne jene Warnung hätte es mich erwischt. Ich weine immer noch, wenn ich daran denke. Ich glaube fest an die Einflußnahme der Engel und bemühe mich, ihnen größere Beachtung zu schenken.»

Auch Mary Trent aus dem Staate Washington berichtet von einer ähnlichen Situation. In ihrem Falle wurde die Botschaft in recht ungewöhnlicher Weise vermittelt.

Sie schreibt: «Ich arbeite an einer Mini-Markt-Tankstelle. Seit meinem achtzehnten Lebensjahr habe ich diese Art Tätigkeit ab und an ausgeübt. Heute bin ich dreiunddreißig, und man hat mich in all den Jahren nie beraubt. Doch das sollte sich ändern.

Anfang Mai 1991 lag ich gemütlich und entspannt in der Badewanne, als ich urplötzlich flüsterte: ‹Man wird mich berauben.› Die ängstigende Erkenntnis dieser Worte erschreckte mich. Kopfschüttelnd schob ich den Gedanken beiseite.«

Einige Tage später wiederholte sich die Warnung, und Mary unterhielt sich mit ihrem unsichtbaren Beschützer:

«Man wird mich berauben», hörte sie sich sagen.

Sie hielt inne und flüsterte: «Ja, so wird es sein. Wirklich?»

Eine Stimme in ihrem Kopf antwortete: «Ja.»

«Aber ich habe Angst», warf sie ein.

Die Stimme erwiderte: «Das brauchst du nicht.»

«Doch. Wird er ein Gewehr haben?» – eine der größten Befürchtungen.

«Nein, ein Messer.»

«Werde ich sterben?»

«Nein. Du wirst nicht verletzt werden», antwortete die Stimme.

«O. K., wenn es sein muß, O. K.»

Sie *versuchte*, tapfer zu sein, doch sie fürchtete sich immer noch.

«Das ist in Ordnung», sprach die Stimme.

Mary wußte instinktiv, daß der Tag nach dem Überfall ein verlängertes Wochenende einleiten würde. Demnach mußte sich der Raub logischerweise an einem Donnerstag abspielen. Sie spürte auch, daß ihr Mann, der auf der gegenüberliegenden Straßenseite beschäftigt war, zu diesem Zeitpunkt nicht an seinem Arbeitsplatz sein würde. Nach einigem Überlegen beschloß Marylin, niemandem von ihrer Unterhaltung mit sich selbst zu erzählen.

«Etwa zwei Wochen später», fährt sie fort, «betrat an einem Donnerstagabend ein Mann den Laden, zog ein Bowie-Messer hervor und verlangte nach dem Geld. Ich blieb ganz ruhig in meiner ‹einstudierten Rolle› (was nicht besagt, daß ich mich nicht ungemein fürchtete). Der Dieb nahm das Geld und ging. Ich rief die Polizei an und dann den Arbeitsplatz meines Mannes. Ausgerechnet an diesem Abend hatte er draußen beim YMCA zu arbeiten. Es war das erste Mal.

Ich dankte meinem Engel für die Warnung und die Unterstützung, während des Vorfalls ruhig zu bleiben. Ich hatte daran gedacht, die Fünfdollarnote, die einen lautlosen Alarm auslöst, herauszuziehen, und mir den Dieb genau angeschaut. Aufgrund meiner exakten Beschreibung konnte der Mann zwei Monate später festgenommen und mehrerer bewaffneter Raubüberfälle überführt werden.

Eine andere beruhigende Eigenschaft unserer Schutzengel besteht in ihrer Treue. Die achtundvierzigjährige Betty J. Monroe aus Pennsylvania weiß vieles darüber zu berichten. Unermüdlich bietet ihr Engel ihr eine nie versiegende Quelle des Schutzes.

Ihrem Bericht zufolge erlebte sie diesen zum ersten Mal als Schülerin der achten Klasse. In einer abgelegenen Gegend redete ihr ein mehrere Jahre älterer Junge zu, vom Fahrrad abzusteigen. Er zog sie ins Gebüsch, zerrte ihre Bluse herunter und entblößte sich. Lähmende Angst überfiel Betty bei der Erkenntnis der drohenden Vergewaltigung.

Sie schreibt: «Als der Junge mir die Brille von der Nase riß, überkam mich eine rasende Wut. Doch äußerlich ruhig bleibend, redete ich wie ein Buch und überzeugte ihn, mich gehen zu lassen. Je mehr ich redete, desto ruhiger wurde er. Schließlich führte er mich zu meinem Fahrrad zurück und ließ mich fahren.

Energiegeladen raste ich fast zwei Kilometer die Straße
entlang in Sicherheit. Erleichtert dankte ich, daß ich unbe-
schadet davongekommen war. Ich glaube, das hatte ich dem
Beistand und Schutz meines Engels zu verdanken.»

Bettys Engel hat sie auch später noch viele Male behütet.
Vor nicht allzu langer Zeit wollte sie bei Grün gerade anfah-
ren, als eine innere Stimme sie davon abhielt. Sie blieb stehen, obwohl es keinerlei erkennbaren Grund für ihr gefühls-
mäßiges Zögern gab. In diesem Augenblick schoß ein
Wagen bei Rot über die Kreuzung. Hätte Betty die Warnung nicht beachtet, wäre das andere Auto gegen ihre Wa-
genseite gekracht und hätte wohl einen ernstlichen Unfall
verursacht . . .

Die Geschichte des dreiundsiebzigjährigen Joseph L. Wil-
liams aus Florida beweist die Fähigkeit des Schutzengels, in
jeglicher Situation die erforderliche Hilfe zu gewähren. Es
ist durchaus möglich, daß jemand eine vernehmbare Warnung ignoriert. Josephs unsichtbarer Beschützer aber ging
sicher, daß sich sein Schützling nicht in Gefahr begab.

Joseph schreibt: «Vor einigen Jahren planten wir eine Au-
tobahnreise quer durch die Staaten. Ich hatte erst kürzlich
einen verbrauchten Zusatzzylinder für die Unterdruck-
bremse meines Wagens erneuert. Am Tage vor unserer Ab-
reise besuchte ich kurz meinen Vater. Als ich wieder
heimfahren wollte, sprang der Wagen einfach nicht an, obwohl der Starter einwandfrei funktionierte. Doch dieses
Auto besitzt eine elektrische Benzinpumpe, die aufwim-
mert, sobald man den Zündschlüssel herumdreht. Diesmal
allerdings war nichts zu hören. Die Pumpe hatte aufgehört.»

Die Werkstatt von Josephs Automechaniker befand sich
gut sechs Kilometer entfernt, an einer verkehrsreichen

Schnellstraße. Auf dem Weg dorthin gab es mehrere Haupt-
kreuzungen mit Ampeln. Obwohl beide wußten, daß es sich
um ein heikles Unternehmen handelte, willigte der Vater
ein, Josephs Auto, das dieser mittels sorgfältigen Bremsens
unter Kontrolle hielt, mit seinem Wagen abzuschleppen. Sie
hatten bereits drei Kreuzungen einwandfrei überquert, als
die Ampel der vierten auf Rot umschaltete. Der Vater
mußte hart bremsen. Joseph schreibt:

«Ich trat mit aller Macht auf meine Bremsen, um einen
Aufprall zu vermeiden, doch ich trat durch! Wir stießen mit
den Stoßstangen aufeinander. Zum Glück war nicht viel
passiert, da wir ja nur langsam fuhren. Auf der Weiterfahrt
blieb mir nichts anderes übrig, als die Handbremse zu benutzen.»

Der Mechaniker untersuchte die Bremsen und stellte fest,
daß der neue Zusatzzylinder versagt hatte, weshalb die hy-
draulische Bremsfunktion völlig ausgefallen war. Joseph erkannte plötzlich, daß ein Versagen der Bremsen während
ihrer Fahrt über die Autobahnen und mit Höchstgeschwin-
digkeiten zu einem ernstlichen Unfall hätte führen können.

«Nachdem der Mechaniker den defekten Bremszusatz er-
setzt hatte», fährt Joseph fort, «bat ich ihn, das ursprüngli-
che Problem mit der Benzinpumpe zu überprüfen. Diese
wimmerte nach dem Drehen des Zündschlüssels sofort auf,
und der Motor startete ganz normal. Diese Pumpe hatte nie
zuvor Schwierigkeiten bereitet und funktioniert heute noch
vollkommen fehlerfrei.

Ich dankte meinem Schutzengel, daß er eine womöglich
tödlich ausgegangene Situation so weise und wirkungsvoll
verhindert hatte.»

Beim zweiten Teil seines Eingreifens, dem tadellosen
Funktionieren der Pumpe nach einmaligem Versagen, han-

delt es sich wohl um mehr als nur um eine Rücksichtnahme des Engels. Hätte die Pumpe für immer aufgegeben, könnte man die Episode womöglich als glückliches Zusammentreffen abhaken, Pumpe und Bremsen in einem Rutsch kaputt! Die Einmaligkeit ihres Versagens jedoch läßt sich nur schwierig dem Zufall zuschreiben. Josephs Erlebnis scheint die Handschrift eines Schutzengels zu tragen . . .

Auch Laurie widerfuhren mehrere Erlebnisse mit Geistwesen. Eine Begegnung beseitigte für immer ihre Zweifel an der Existenz der Engel.

«Bei Einburch der Dämmerung rannte ich auf der linken Straßenseite der fünf Kilometer langen Strecke, die ich gewöhnlich drei- bis fünfmal wöchentlich laufe. Ich näherte mich einer scharfen Linkskurve. Ein riesiger Felsblock versperrt auf dieser Seite sowohl meinen als auch den Blick jedes herankommenden Autofahrers. Ich glaubte, es sei sicherer, die Straße zu überqueren. Ich brauchte mich dann nicht um ‹unsichtbaren› Anliegerverkehr zu sorgen. Ich begann also, diagonal auf ein zwischen zwei Häusern gelegenes Waldstück auf der anderen Straßenseite zuzujoggen, wobei ich einen besseren Überblick gewann. Doch plötzlich, noch bevor ich den Gehsteig erreicht hatte, stieß mich eine unerklärbare Kraft buchstäblich zurück. Ich widersetzte mich nicht, da die Kraft mir keine andere Wahl ließ und ich eine ausladende Kehrtwende auf die linke Seite machte.»

Diese Kraft erschreckte Laurie zutiefst, und eine Menge Fragen jagten ihr beim Weiterlaufen durch den Kopf. Sie fühlte sich gezwungen zurückzublicken, um, wenn überhaupt die Möglichkeit bestand, herauszufinden, was das gewesen war. Sie bemerkte übrigens, daß es sich nicht um ein

körperliches Empfinden, wie eine Hand oder einen Wirbelwind, gehandelt hatte. Sie wußte nicht, was sie erwartete,
mit Sicherheit aber würde sie irgend etwas sehen.

«Als ich zurückblickte», fährt sie fort, «sah ich ganz deutlich die Gestalt eines Mannes stehen, einige Meter vom
Gehsteig entfernt und im dichten Gebüsch des Waldstücks
kaum sichtbar. Sein weißes T-Shirt leuchtete im Dämmer-
licht. Die Haare standen mir zu Berge, als ich erkannte, daß
ich fast in ihn hineingerannt wäre.

Ich hörte mich fragen, wie ich wohl auf die andere Straßenseite bewegt worden war. Ich erhielt die innere Antwort,
daß mich mein Schutzengel vor einer gefährlichen Situation
bewahrt hatte. Das erst gab mir die Gewißheit, daß es sich
bei jener mich zurückstoßenden Kraft um einen Engel handelte. Tiefe Dankbarkeit überflutete mich. Obwohl mir nie
ein helfender Engel zu Gesicht gekommen war, glaubte ich
an die *Wirklichkeit* der Engel. Sie wirken und bewegen sich
auf wundersame Weise. Ich wußte mit Sicherheit, daß mich
ein Engel gerettet hatte, mein Schutzengel.»

Marica D. London aus Kalifornien erlebte sehr häufig die
Hilfe und Führung von Geistwesen. Einige dieser Begegnungen verliefen recht aufregend, doch die Mehrzahl erwiesen sich als Fälle von Synchronizität, was viele Leute für
bloße Zufälle halten . . .

Maricas Helfer haben mindestens zweimal ihr Leben gerettet oder sie vor schwerem körperlichen Schaden bewahrt.
Das erste Mal geschah es, als sie auf der Autobahn bei
Sprühregen die Gewalt über ihr Auto verlor. Der Wagen
schlingerte hin und her, drehte sich und fuhr schließlich
mitten auf der Autobahn eine Strecke rückwärts. Marica betete für ihren eigenen Schutz und die Sicherheit aller ande-

ren Autofahrer in ihrer Umgebung. Sie glaubt, daß ihr Stoßgebet beantwortet wurde.

«Inzwischen fuhren die Autos hinter mir in einigem Abstand und mit verringerter Geschwindigkeit», berichtet sie. «Ich zweifelte keinen Augenblick daran, daß wir alle vor Schaden bewahrt bleiben würden, was auch zutraf. Eine ungeheure Kraft, die stärker war als ich, das bloß Menschliche und Fehlbare, schien die Luft zu erfüllen.

Als sich die Autobahn nach links, einer Überführung zu, emporwand, glitt mein Wagen seitwärts gegen die Metalleitplanke. Niemand wurde verletzt. Selbst das Auto blieb unversehrt, abgesehen von einem kaum erkennbaren, haarfeinen Kratzer, dort, wo es die Planke berührt hatte.»

Die zweite Episode spielte sich auf einer einsamen zweispurigen Landstraße in Colorado an einem späten Winternachmittag ab. Das Gaspedalkabel riß, und sie verlor die Kontrolle über das Auto. Sie landete in einem tiefen Bewässerungsgraben am Straßenrand. In einer Stunde würde die Temperatur drastisch absinken. In diesem Landstrich war es keine Seltenheit, daß sich gestrandete Autofahrer halb zu Tode froren, bevor sie gerettet wurden. Das wußte sie und versuchte daher, einige entfernt gelegene Bauernhöfe zu erreichen, doch ohne Erfolg. Auf dem Rückweg zur Landstraße winkte sie einem vorüberfahrenden Auto der Straßenwacht, aber man sah sie nicht.

«Ich fühlte mich von Gott und der Welt verlassen. Sobald mir dieser Gedanke allgemeiner Zurückweisung durch den Kopf ging, spürte ich, es war weniger ein Hören, streng, aber nicht ärgerlich gesprochene Worte in meinem Kopf. Die Stimme erklärte, ich hätte mich ein Leben lang auf die Hilfe anderer verlassen und könne mir nun selbst helfen, wenn ich die Anweisungen genau befolgte.

Ich bejahte sofort. Zunächst sollte ich die größere Büroklammer aus meiner Tasche und verschiedene Schnüre und Bänder vom Rücksitz nehmen. Bald lag ich quer im Auto, die Beine im Graben baumelnd, und befestigte die beiden losen Enden des Kabels miteinander. Ich konnte das Auto tatsächlich starten und wurde angewiesen, sehr vorsichtig rückwärts aus dem Graben zu fahren, mit ‹sanftem Pedal›, wie es hieß, ein Ausdruck, den ich noch nie gehört hatte. Man erklärte mir, er bedeute, ‹behutsam sein›. Sobald ich den Wagen bis zum Straßenrand gebracht hatte, löste sich die provisorische Kabelbefestigung, und der Motor starb ab.»

In diesem Augenblick näherte sich aus beiden Richtungen ein Wagen. Die Fahrer hielten und boten ihre Hilfe an. Gemeinsam flickten sie das Kabel. Bevor sie weiterfuhren, warnte einer der Männer Marica vor den vereisten Straßen, die noch vor ihr lagen. Sie sollte unbedingt langsam fahren, mit ‹sanftem Pedal›, wie seine Worte lauteten. Der andere Fahrer bemerkte ihre Angst und schlug vor, ihr einige Kilometer zu folgen, bis sie den Dreh raushatte. Maricas Heimfahrt in jener Nacht dauerte etwa zwei Stunden.

«Als ich am nächsten Morgen meinen Wagen dem Mechaniker zur Reparatur brachte», schreibt sie, «schüttelte dieser nur seinen Kopf, als er hörte, wie weit ich mit dem geflickten Kabel gefahren war. Er konnte es fast nicht glauben.»

Eines Jahres gegen Ausgang des Winters, Stephanie Markham aus Michigan war damals etwa sechs Jahre alt, beschlossen sie und ihre Freundin, ein letztes Mal auf dem See hinter dem Haus Schlittschuh zu laufen. Das Eis hatte bereits zu schmelzen begonnen, und ein schmaler Wasserstreifen rund um den See trennte es vom Ufer. Obwohl die Mädchen das Risiko erkannten, sprangen sie über das Wasser und liefen auf dem Eis Schlittschuh. Als es an der Zeit war heimzukehren, wandten sie sich der seichten Lagune zu. Sie waren sich sicher, daß sie dort mühelos ans Ufer gelangen konnten, da sich das Eis auf der Lagune gewöhnlich länger hielt als auf dem übrigen See.

«Meine Freundin sprang mit Leichtigkeit über die meterbreite Wasserfurt», erinnert sich Stephanie. «Doch als ich zum Sprung ansetzte, krachte das Eis unter mir, und ich fiel ins Wasser. Ich glitt in seitlichem Winkel hinein; Matsch füllte das Loch, und ich konnte es nicht finden.

Bevor mich Furcht ergriff, sah ich eine Hand mit einem funkelnden Goldring am Finger, die sich mir unter dem Eis entgegenstreckte. Ich glaubte, es sei meine Freundin, schwamm auf die Hand zu und krabbelte an Land. Alles war gut.

Nach all den Jahren habe ich mich darauf konzentriert, mir die Einzelheiten dieser Begebenheit ins Gedächtnis zu rufen. Ich weiß immer noch nicht, ob meine Freundin einen Ring trug, doch ich erinnere mich, daß sie auf der anderen Seite der Lagune stand. Ich glaube daher nicht, daß jene Hand, die ich sah, zu ihr hätte gehören können. Außerdem hätte sie nicht den Mut besessen, unter das Eis zu greifen.»

«Im Dezember 1989», schreibt Diane Cramer aus Michigan, «war ich in einen Autounfall verwickelt, bei dem ich auf dem Beifahrersitz eingeklemmt wurde. Als ich auf die Ambulanz wartete, kam ein Punkt, an dem mich Panik zu erfassen begann. Ich rief nach meiner Freundin, die den Wagen gesteuert hatte und nun am Straßenrand stand und nach dem Unfallwagen Ausschau hielt. Ich wollte ihr mitteilen, was sie meinen Lieben im Falle, daß ich es nicht schaffen würde, sagen sollte.

Als sie auf mich zukam, geschah etwas Wunderbares. In diesem kurzen Augenblick *wußte* ich, daß alles mit mir in Ordnung kommen würde. Eine friedliche Ruhe durchströmte meinen ganzen Körper, und ich konnte mich zurücklehnen, meine Augen schließen und ohne Furcht sein. Obwohl ich innerliche Verletzungen davongetragen hatte, erwiesen sie sich als geringfügig, nicht schwerwiegend, wie man meinem Mann, kurz bevor ich in den Operationssaal gefahren wurde, berichtet hatte.

Bis heute weiß ich nicht, wer oder welche Gewalt in jener Nacht bei mir gewesen ist. Aber ich bin mit Sicherheit dankbar . . . meinem Schutzengel.»   ROBERT C. SMITH

Das Engelsgeschenk

Du hast nach unseren Geschichten gefragt, Fügungsgeschichten. Schicksal, Fügung, Gottes Wege, blinder Zufall . . .

Was soll man darüber diskutieren oder gar streiten? Jeder Mensch benennt es wohl so, wie es für ihn stimmt.

Jedenfalls – ich habe meine Engel. Fünf! Nennen wir sie Schutzengel; aber sie haben verschiedene Funktionen. Immer wieder auch – mich zu erziehen, und dies ist alles andere als angenehm. (Schließlich bin ich 53.)

Manchmal sind sie alle fünf um mich. Manchmal hat nur

einer Dienst. Ursprünglich waren sie nur Schemen, im Laufe der Jahre wurden sie deutlicher. Unterdessen kann ich sie beschreiben.

Reine Phantasie? Reine blühende Phantasie? Nun ja, ich meine, Phantasie und Vorstellungskraft sind ja auch Engelsgeschenke, nicht wahr?

Ich könnte Dutzende von Engelsgeschichten erzählen. Engel helfen unorthodox und kreativ. Sie helfen, wo es nötig ist, und zuweilen sogar im Überfluß.

Hast du Platz für eine Geschichte? Zum Beispiel für die, wie ich zu meinem schönsten Buch gekommen bin? *Starke Frauen*, ein Buch mit Fotos von nackten, runden Weibsbildern. Nie hätte ich mir ein so teures Buch leisten können, wenn nicht . . .

Der erste Morgenkaffee – dazu die Post. Susanne, meine Assistentin (Ursula Eggli ist Schriftstellerin und schwerstbehindert; die Hrsg.), öffnet die Briefumschläge und legt den Inhalt vor mich hin. Siebzig Franken sind in dem einen, und ich freue mich schon: «Oh, da hat jemand Bücher bezahlt!» (Ursula Eggli vertreibt ihr Buch *Herz im Korsett* privat.) Die Begleitkarte ist aber verwirrend, und ich merke, daß das Geld für eine andere Ursula, eine Mitbewohnerin, bestimmt ist. Schade, schade . . . enttäuscht lasse ich den nächsten Briefumschlag öffnen. Wieder flattert eine Geldnote heraus – es ist der Tag des Mammons. Noch eine Geldnote, noch eine, noch eine . . .

Ein grüner Segen ergießt sich über den Tisch. Dreiundzwanzig Fünfzigernoten? Auf der Begleitkarte steht nichts, es gibt keinen Absender, keine Anhaltspunkte . . ., eine Spende, eine anonyme Spende! Oh, wie viele Wünsche kann man sich mit dreiundzwanzig Fünfzigernoten erfüllen. Das schöne Buch, eine Reise . . . Wer hat wohl . . .?

Später sehe ich mir das Bild auf der Begleitkarte nochmals an: Eine kranke oder behinderte Frau liegt auf einem Schragen, umgeben von der Schar der Heiligen. Oben aus den Wolken sehen liebevolle Engelchen hinunter – blinzeln vergnügt.

Na also – Engelsgeld, Engelsgeschenk!

URSULA EGGLI

Wo Engel wohnen

Die Geschichte der Engel ist so alt wie die menschliche Zivilisation selbst. Manche behaupten, Engel seien lediglich Phantasieprodukte, andere wiederum halten sie für real. Und dann gibt es noch jene, die der Ansicht sind, es handle sich um Außerirdische aus einer anderen Galaxie. Obwohl weitgehend bekannt ist, daß es gute und böse Engel gibt, hat sich vor allem die Vorstellung des Schutzengels durchgesetzt, der einen Menschen durch das Leben begleitet und ihm bei allen Schwierigkeiten zur Seite steht. Der Schutzengel liebt seinen Menschen ohne Vorbehalt, ganz gleich, wie er oder sie handelt. Viele Maler haben ihre Vision von Engeln dargestellt, und dabei sind höchst unterschiedliche Bilder entstanden. Im allgemeinen wird angenommen, daß Engel Gutes bewirken, um der Menschheit zu helfen, und daß sie manchmal in Gestalt von Menschen agieren. Da sie das Innerste in den Menschen berühren, nehmen manche die Eigenschaften an, die Engeln gemeinhin zugeschrieben werden. Christel, Angelika, Agi und Gerda gehören zu diesen beispielhaften Menschen, die ich während einer Reise nach Nürnberg kennenlernen durfte.

Im Rahmen meiner Europareise waren Heilungen in der Schweiz, in Rußland und England geplant. Nach meinem Aufenthalt in der Schweiz fuhr ich nach St. Petersburg. Am ersten Morgen erhielt ich ein Fax aus England, in dem man mir mitteilte, daß mein Besuch abgesagt worden sei. Ohne weitere Erklärung, lediglich mit dem Hinweis: «Wir möchten Ihnen mitteilen, daß wir Ihren bevorstehenden Besuch absagen müssen.»

Der Gedanke, einen neuen Ort kennenzulernen, hatte mir zugesagt, und die Änderung des Planes enttäuschte mich. Am nächsten Tag erhielt ich jedoch ein Fax aus meinem Büro in Encinitas, aus dem hervorging, daß mich die Veranstalter in Nürnberg gern für den Zeitraum aufnehmen würden, in dem ich mich in England aufgehalten hätte. Da ich bereits in Europa war, beschloß ich, das Angebot anzunehmen.

Am Frankfurter Flughafen erwarteten mich vier Frauen, die mich nach Nürnberg bringen sollten. Sie alle sprachen Englisch, so daß wir uns während der Fahrt angeregt unterhielten. Sie erzählten, daß sie Altkleider und Schuhe sammelten, um sie an Bedürftige zu verteilen, und ich merkte an, wie nett es sei, anderen zu helfen. Zu diesem Zeitpunkt erwähnten sie nicht, wo diese hilfsbedürftigen Menschen wohnten.

Sie interessierten sich für meine Arbeit, und so lud ich sie zur «Offenen-Augen-Meditation» ein, die für den Abend vorgesehen war. Sie sagten zu.

Wenn ich in einer Gruppe von Menschen zum ersten Mal

eine Meditation mit offenen Augen abhalte, erzähle ich ein wenig über mich und meine Arbeit und erkläre dann, was eine «Offene-Augen-Meditation» ist. An diesem Abend hatten wir ein volles Haus, und ich ging schnell durch den Raum und gab jedem ein Beispiel für meine heilende Energie. Während ich langsam an der Menschenschlange entlangschritt, sah ich, daß Christel, Angelika, Agi und Gerda das Erlebnis genossen. Am Ende der Schlange saß eine Frau im Rollstuhl. Wie sich später herausstellte, war sie querschnittsgelähmt. Ich leitete Energie an sie weiter, und sie begann sich aus dem Rollstuhl zu erheben. Ich konnte sofort spüren, daß sie möglicherweise eine beträchtliche Bewegungsfähigkeit wiedererlangen konnte, und lud sie zur Heilsitzung am nächsten Tag ein.

Sie kam, und wieder geschah es, daß ihr Körper sich aufbäumte und aus dem Rollstuhl aufstehen konnte, während ich mit ihr arbeitete. Jedesmal, wenn ich heilende Energie an sie sandte, konnte sie sich ein wenig mehr bewegen, und ich spürte intuitiv, welche Übungen sie ausführen mußte, um ihre Beweglichkeit zu erhöhen. Ich bat ihren Mann, die verschiedenen Übungen zu filmen, die sie täglich ausführen sollte. Sie war sehr diszipliniert, konzentrierte sich darauf, die verschiedenen Bewegungen zu visualisieren, die ich ihr beschrieb, und versuchte sie mit meiner Hilfe auszuführen. Ich forderte sie auf zu bleiben, bis die Sitzung abgeschlossen war, damit sie so lange wie möglich meine heilende Energie empfangen konnte. Als ich zum Schluß zu ihr hinüberging, um mit ihr zu sprechen, sah ich, daß sie weinte.

«Ich wußte von dem Moment, als ich Sie sah, daß es mir bessergehen würde», sagte sie und lächelte mich unter Tränen an.

«Woher wußten Sie das?» fragte ich.

«Vor fünf Jahren hatte ich einen schweren Autounfall in Spanien», erklärte sie. «Lange lag ich im Koma, und während der ganzen Zeit sah ich einen Mann, der aussah wie Sie, an meinem Bett stehen und mich anlächeln. Als ich Sie sah, erkannte ich Sie wieder und wußte, daß mir meine Teilnahme an dieser Heilung vorherbestimmt war.»

Und ich wäre fast nach England gefahren, dachte ich. In diesem Augenblick erkannte ich, wie wahr eines meiner Lieblingssprichwörter ist, nämlich daß wir immer zur richtigen Zeit am richtigen Ort sind.

Wir hielten viele erfolgreiche Heilungen in Nürnberg ab, und am letzten Tag kamen die vier Veranstalterinnen, um sich zu verabschieden.

«Wir wollten Ihnen eine gute Reise wünschen, da wir morgen schon weg sein werden, wenn Sie abreisen. In ein paar Minuten fahren wir los. Wir wechseln uns beim Fahren ab, damit wir morgen bei Tagesanbruch unser Ziel erreichen.»

«Wohin fahren Sie denn?»

«Nach Bosnien.»

«Bosnien? Warum fahren Sie dorthin? Da werden Bomben geworfen, und es wird scharf geschossen!»

«Ja, alle zwei Wochen fahren wir abwechselnd nach Bosnien und nach Griechenland, um Menschen zu helfen, die nichts mehr besitzen.»

«Sie meinen, Sie können die Grenze nach Bosnien ohne Schwierigkeiten passieren?»

«Ja, an manchen Stellen kann man ohne Probleme einreisen.»

«Aber Bosnien ist Kriegsgebiet», protestierte ich.

«Das stimmt, und gerade die Menschen dort brauchen Hilfe, deshalb bringen wir ihnen Kleidung, Schuhe und alles, was wir auftreiben können und was ihnen nützt.»

«Wie sind Sie darauf gekommen?»

«Anfangs waren es Weihnachtsgeschenke für arme Kinder in Menithi, einem Slum in Athen», sagte Christel.

«Und wie sind die Weihnachtsgeschenke für griechische Kinder in Bosnien gelandet?» fragte ich.

Christel fuhr fort: «Freunde haben uns erzählt, daß eine Frau, die sich um Kinder in Menithi kümmert, dringend Schuhe brauchte. Das war 1993, und Angelika und ich beschlossen, aktiv zu helfen. Wir klapperten alle Bekannten ab und baten um gebrauchte Schuhe für die Kinder in Menithi. Einige Leute, wie Gerda und Agi, haben uns nicht nur Schuhe geschenkt, sondern sich bereit erklärt, bei der Verteilung zu helfen. Wir haben dann alles in meinen Kleinbus gepackt und sind nach Griechenland gefahren. Es war ursprünglich als einmalige Aktion geplant, aber als wir dort ankamen, sahen wir, daß es außer den Kindern auch andere Menschen gab, die mehr brauchten als nur Schuhe.

Dort trafen wir auch Lipan, einen einundzwanzigjährigen Kurden, der keine Füße mehr hatte. Obwohl ihm Prothesen angepaßt worden waren, konnte er nur unter großen Schmerzen gehen, da sie nicht richtig paßten. Als wir das sahen, wußten wir, daß noch eine Menge Arbeit vor uns lag. In Nürnberg haben wir dann Geld gesammelt, um Lipan richtige Prothesen zu kaufen, und dadurch entstand der Kontakt mit den Kurden, unter denen es noch viele Menschen mit dem gleichen Problem gibt.»

«Ihre Arbeit ist wirklich großartig», sagte ich. «Wenn mehr Menschen sich der Hilfsbedürftigen annähmen, wäre das Leben auf diesem Planeten wahrscheinlich einfacher.»

«Ich weiß, unsere einmalige Aktion für die Waisenkinder in Griechenland war ein Tropfen auf den heißen Stein. Es war einfach nicht genug.»

«Ich bin wirklich beeindruckt. Nicht nur, weil Sie diesen Menschen helfen, sondern auch, weil Sie Ihr Leben dabei riskieren», erklärte ich voller Bewunderung, nachdem ich ihre Geschichte gehört hatte.

«Ja, aber wenn man dort hinfährt und das Ausmaß der Not mit eigenen Augen sieht, vergißt man die Gefahr und versucht alles zu tun, um zu helfen», meinte Christel.

«Wir haben auch ein Projekt in Gang gesetzt, um medizinische Hilfe in die betroffenen Gebiete zu bringen. Es gibt so viele Kriegsopfer, die Arme und Beine verloren haben», sagte Agi. «Diese Menschen brauchen Prothesen. Sie besitzen nichts und brauchen wirklich Hilfe.»

«Wir hatten Glück, daß wir ein paar Ärzte gefunden haben, die ihre freie Zeit opfern, um diesen Menschen unentgeltlich zu helfen», meldete Gerda sich zu Wort. «Und wir sammeln Spenden, um Prothesen zu kaufen.»

Ich war sehr froh, diese vier Frauen kennengelernt zu haben. Ihr Enthusiasmus wirkte erfrischend, gerade in einer Zeit, in der so viele Menschen dem Elend gegenüber abgestumpft sind. Mit Freude lauschte ich ihren Erzählungen.

«Wir konnten dazu beitragen, daß es ein paar Menschen bessergeht», sagte Angelika.

«Ich kann nur wiederholen: Sie haben viel geleistet», erwiderte ich.

«Wissen Sie, wir sind nur gewöhnliche Menschen, die kleine Schritte machen, einen nach dem anderen, aber wenn genügend Menschen so handelten, könnte sich das Gesicht unserer Welt verändern.»

«Wie wahr», bestätigte ich. «Ich würde auch gern helfen. Was kann ich tun?»

«Wir sind dankbar für jede Hilfe, die Sie uns geben können.»

Ich dachte über diese tapferen Frauen nach und bewunderte ihren Mut, mit dem sie sich in diesem vom Krieg zerrütteten Land durch verminte Gebiete durchschlugen, um Hilfe zu bringen. Sie trugen genug Mitgefühl im Herzen, um sich der Not anderer anzunehmen, unter Mißachtung der Gefahr für das eigene Leben. In einem Land, das andere aus Furcht nicht betreten wollten und in dem die Menschen die Hoffnung aufgegeben hatten, daß der Krieg jemals zu Ende gehen würde, streckten sie den Hilfsbedürftigen mit Liebe und Mitgefühl die Hand entgegen.

Christel, Agi, Gerda, Angelika und die anderen Freiwilligen werden für ihre Arbeit nicht bezahlt. Sie alle gehen einem Beruf nach und investieren ihr eigenes Geld und ihre Freizeit in diese Hilfsprojekte. Und immer halten sie Ausschau nach Menschen in Not, auf der Suche nach neuen Wegen, um denen zu helfen, die ein weniger glückliches Schicksal haben als sie selbst . . .

Als ich die Geschichte der vier Frauen zum ersten Mal hörte, meinte ich, daß die Engel wohl in Nürnberg wohnen, aber nach einigen Überlegungen bin ich zum Schluß gekommen, daß die Engel in den Herzen aller tapferen Menschen wohnen.

GENE EGIDIO

Engel auf unserem Weg

Pam und Ken Larson aus Ann Arbor in Michigan wollten ein Kind adoptieren. Aber in Michigan waren private Adoptionen nicht zulässig, und keine der Agenturen zog sie in Betracht, weil sie schon zwei Kinder hatten. Also versuchten Pam und Ken es anderswo. Sie lebten eine Zeitlang in Spanien, hatten aber auch dort keinen Erfolg. Doch Ken blieb optimistisch. «Eines Tages werden wir noch einen Sohn haben, ich bin mir ganz sicher», sagte er zu Pam, als sie aus Spanien zurückkehrten. «Und er wird Michael heißen.»

Pam, Krankenschwester von Beruf, war nicht so optimistisch. Schon vor ihrer Heirat hatte sie wiederholt gesundheitliche Probleme gehabt. Wenn sie ein Kind fanden, würde sie gesund genug sein, um es versorgen zu können?

Als die Larsons im Jahr 1983 einen Anwalt aus Costa Rica kennenlernten, der ihnen seine Hilfe anbot, baten sie ihn, es zu versuchen.

Pam und Ken füllten die für eine Auslandsadoption erforderlichen Formulare für die Einwanderungsbehörde aus und waren bereit, nach Costa Rica zu fliegen, sobald das Telefon klingelte. Aber es kam keine Nachricht. Und Pams Gesundheitszustand verschlechterte sich. Im Jahre 1984 wurde bei ihr eine unheilbare Blasenkrankheit diagnostiziert.

«Es war eine schwere Zeit für mich», sagte sie. «Ich glaubte, daß Gott Menschen heilen kann, aber für mich war das so ähnlich wie Lotto spielen. Ich weiß, daß jemand gewinnt, aber ich werde es nicht sein, weil ich kein Los kaufe.» Pam bat Gott, sie zu heilen, und auch andere beteten für ihre Gesundheit, aber sie blieb krank – und mutlos.

Im Februar des Jahres 1985 schlug ein Freund der Familie

vor, noch einmal für sie zu beten. Pam zögerte – warum sollte sich diesmal etwas ändern –, aber sie stimmte zu. Ihr Zustand verschlechterte sich, doch am nächsten Morgen beteten ihre Familie und ihre Freunde wieder, als plötzlich die Hand ihres Sohnes Chris anfing zu kribbeln.

«Chris legte seine Hand auf meinen Bauch, und ich merkte, daß mir warm wurde», sagte Pam. «Jemand sagte: ‹Seht euch ihre Haut an!› Normalerweise hatte meine Hand einen grünlichen Schimmer, aber jetzt färbte sie sich rosa.» Innerhalb von Minuten fühlte sich Pam besser. War sie geheilt?

Nach ein paar Tagen erreichte sie ein Brief von dem Anwalt aus Costa Rica. Es war drei Jahre her, seit sie ihn um Hilfe gebeten hatten. Hatten sie noch Interesse, ein Kind zu adoptieren? Ein Baby, das in Frage kam, würde im Juli auf die Welt kommen.

Pam fühlte sich kerngesund, während sie sich auf einen vier- bis sechswöchigen Aufenthalt in Costa Rica vorbereitete. Als sie erfuhr, daß ihr Sohn geboren sei, kamen ihr auf einmal Bedenken, allein in ein fremdes Land zu fahren, «nur mit meinem Schulspanisch!». Es ging ihr jedoch so gut, daß sie sogar ihre Medikamente vergaß.

Kurz nach ihrer Ankunft in Costa Rica wurde Pam das Sorgerecht für das Baby zugesprochen, aber alles andere verlief nicht nach Plan.

«Formulare waren verschwunden oder fehlerhaft übersetzt worden, und das bedeutete zusätzliche Arbeit», erinnert sie sich. «Mein Visum lief nach dreißig Tagen ab. Ich konnte also ausgewiesen werden, falls ich aufgegriffen würde. Meine größte Sorge war, daß es sich die Mutter des Babys anders überlegte.»

Dann änderte die Regierung auch noch einige Adoptionsgesetze, und Pam wurde mitgeteilt, der ganze Prozeß müsse vielleicht wieder von vorne beginnen.

Ihre einsame, vierwöchige Odyssee verlängerte sich. Zwei Monate, drei ... Ken kam zu Besuch, um seinen neuen Sohn zu sehen und um Papiere zu unterschreiben, mußte aber schließlich wieder zu den Kindern zurück. Die täglichen Anrufe waren ein schlechter Ersatz für seine beruhigende Gegenwart. «Ich war niedergeschlagen und hatte Angst», erinnert sich Pam. «Jeder Tag schien einen Monat zu dauern, und ich weinte oft.» Aber sie betete auch. Und trotz der Anspannung blieb sie gesund.

Am 1. November überreichte der Anwalt Pam endlich die Papiere. Sie und das Baby durften nach Hause fliegen! Pam eilte zu einem Telefon und rief das amerikanische Konsulat an. «Ich möchte gerne einen Termin ausmachen, damit ich die Papiere vorbeibringen kann», sagte sie der stellvertretenden US-Konsularin Gabriella.

Die Beamtin holte die Akte hervor. «Mrs. Larson, es fehlt noch immer ein Dokument, und zwar die endgültige Zusage der US-Einwanderungsbehörde», sagte sie.

Wieder hatte etwas mit einem Formular nicht geklappt, das schon vor Monaten beantragt worden war!

«Wir haben eine Kopie in Ann Arbor», sagte Pam und versuchte, die Ruhe zu bewahren. «Mein Mann kann es durch einen Kurier schicken lassen.»

«Es tut mir leid», lautete die Antwort. «Wir brauchen das Original. Sie müssen noch einmal einen Antrag in Washington einreichen.»

«Wie lange wird das dauern?» Pams Stimme war nur ein Flüstern.

«Mindestens sechs Wochen.»

Sechs Wochen. Schockiert legte Pam auf. Wie konnte das

nach all der Arbeit, nach all den Gebeten, möglich sein? Das Baby hier zu lassen kam nicht in Frage. Aber noch einen Tag länger zu bleiben, noch eine *Minute*?

Das konnte sie nicht.

Sie stürmte aus dem Raum und ging in das Parkhaus, ein offenes Gebäude, das von tropischen Pflanzen umgeben war. Blind lief sie auf und ab und war sich dessen gar nicht bewußt. «Gott, hab Erbarmen», betete sie wieder. «Hab Erbarmen . . .» Ihr Glaube an Ihn, an Seine Liebe, Seine Fürsorge hatten sie so weit gebracht. Aber nun schien es, als verlöre sie ihren Halt, als würde sie wieder verzweifeln . . .

Und dann drehte sie sich um – und sah *sie*. Zwei Engel, zwei sehr große Engel, so groß, daß sie nur ihre Füße und Fesseln sehen konnte. Sie schaute hoch. «Sie waren barfuß», sagte Pam. «Einer war blond und hielt ein Schwert. Ich konnte die Gewebestruktur seines Gewandes erkennen und das Ende der Schnur, die er als Gürtel um seine Taille gebunden hatte.» Sie war verblüfft, aber erstaunlich furchtlos.

«Ich heiße Michael», sagte der eine. «Wir sind hier, um die Schlacht für dich zu gewinnen.»

Ja, antwortete sie leise. *Natürlich.* Irgendwie schien es seine Richtigkeit zu haben. Gott würde es für sie tun.

Pam weiß nicht, wie lange sie dort gestanden und sich gewundert hat. Nach und nach verblaßte die Vision. Und während sie verblaßte, hatte sie den unwiderstehlichen Drang, Gabriella noch einmal anzurufen, obwohl sie gar nicht wußte, was sie sagen sollte.

Aber Gabriella war außer sich vor Freude. «Mrs. Larson, Sie sind Christin? Haben Sie gebetet?» fragte sie.

«Ja.» Pam war noch immer wie betäubt.

«Erhört Gott Ihre Gebete immer so schnell?»

Tränen schossen Pam in die Augen. Etwas Wunderbares

ging vor sich. Sie wußte es. «In letzter Zeit hat Er immer ziemlich schnell reagiert, Gabriella. Warum?»

«Nachdem Sie aufgelegt hatten, drehte ich mich um, und da stand ein Kurier mit einer Tasche», erklärte Gabriella. «Und ganz unten, unter all den anderen Papieren, lag Ihr fehlendes Formular.»

Wir werden die Schlacht für dich gewinnen . . .

«Und wir konnten Ihre Telefonnummer nicht finden . . .»

Gabriella redete immer noch. «Ich bin froh, daß Sie zurückrufen. Wenn Sie noch kommen, bevor wir schließen, können wir heute noch alles erledigen!»

Diese unglaubliche Folge von Zufällen war wie ein Traum. Hatte der Himmel wirklich eingegriffen? Aber wie sollte all das sonst erklärt werden?

Nur ein paar Tage später stellte Pam ihren Kindern das neue Brüderchen vor. Später stattete sie dann ihrem Urologen einen Besuch ab, der sie voller Erstaunen für vollkommen gesund erklärte. Und im Laufe der Zeit wird die Antwort auf Gabriellas Frage immer klarer. Glaubt Pam an die Kraft der Gebete, an einen Gott, der heilt und Engel schickt und sich nach Seinem perfekten Fahrplan richtet? Wenn ihr Zweifel kommen, braucht sie nur ihr Wunderkind anzuschauen, ihren Michael, und sie weiß die Antwort.

JOAN ANDERSON

Anna fragt – «Wie wird man ein Engel?»

Lieber Mister Gott!
Heut muß ich Dir schreiben, weil, wir haben in der Schule aufgekriegt, einen Brief schreiben an den besten Freund, den man hat, und ihm sagen, was ich mal werden möcht, wenn ich groß bin und keine Schularbeiten mehr machen muß. Deshalb schreib ich an Dich, denn Fynn ist ja hier, dem kann ich nicht schreiben, oder er würd drüber lachen. Du lachst aber nie, wenn Du mir beim Schreiben über die Schulter guckst. Das find ich prima, weil, sonst würd ich vielleicht rot werden.

Was ich mal werden möcht, ist Engel. Das hab ich noch niemand gesagt, auch Fynn nicht. Deshalb weiß ich auch noch nicht, wo man die Flügel herkriegt. Stimmt es, daß man da erst tot sein muß? Das hat der Robbie aus der Mortonstreet gesagt, der Torwart werden will. Der glaubt an überhaupt nichts außer Fußball. Und er sagt, ein Engel ist bloß dazu da, daß kein Ball ins Netz geht. Ich möcht aber mehr tun, wenn ich mal Engel bin. Und auch nicht erst tot sein müssen.

Ich schreib Dir, weil ich glaub, daß nur Du richtig weißt, wie man Engel wird. In der Bibel steht, daß Du die Engel selber machst. Da dacht ich, weil Du doch auch mich gemacht hast vor paar Jahren, kannst Du mich auch zum Engel machen. Später mal. Aber nicht zu spät. Jedenfalls bevor ich so alt bin wie Mrs. Cook. Dann ist man schon zu alt, um noch fliegen zu lernen oder um noch andauernd Gutes zu tun. Mrs. Cook tut oft nichts Gutes, wenn sie Noten gibt. Das möcht ich

später mal nicht machen. Lieber für andere die Hausauf-
gaben machen, wenn sie's nicht können. Dann wär ich
fast so nützlich wie Du. Ob Du mir dabei helfen kannst,
würd ich gern von Dir wissen. Wenn Du mir zeigst, was
man als Engel alles können muß, dann würd ich bestimmt für üben. Ganz sicher . . .

Diesen Brief wollte Anna tatsächlich in die Schule mitneh-
men und Mrs. Cook abgeben! Wie gut, daß diesmal nicht
nur Mister Gott, sondern auch ich ihr beim Schreiben über
die Schulter geschaut hatte. Ganz still und heimlich natürlich. Aber am Schluß platzte ich doch heraus: «Um Gottes
willen, Anna! Das darfst du auf keinen Fall Mrs. Cook lesen
lassen. Die kriegt einen Anfall, wenn sie liest, daß sie deiner
Meinung nach zu alt ist, um noch was Gutes zu tun. Die
läßt dich dafür glatt zu Ostern sitzen. Tu den Brief in den
Schuhkarton und schreib lieber einen neuen Aufsatz über
einen vernünftigen Berufswunsch, zum Beispiel Krankenschwester oder Mutter von fünf Kindern.»

«Ist denn Engel nicht vernünftig?» fragte Anna beleidigt.

«Ach, Fratz, wie soll ich dir das erklären? Ein Engel ist
zwar nichts ausgesprochen Unvernünftiges, aber kein Beruf
für dich oder allgemein für unsereins. Du mußt mit deinen
Vorstellungen auf dem Teppich bleiben, hörst du! Mal
fühlst du dich ein bißchen wie Mister Gott, mal willst du
Engel werden. Für solche verrückten Ideen gibt es in der Bibel ein ganz bestimmtes Wort, das heißt ‹Hoffart›, was noch
schlimmer ist als Hochmut. Und die Hoffärtigen mag Mister Gott überhaupt nicht. Steht auch in der Bibel. Über
diesen Brief freut er sich wahrscheinlich gar nicht. Es wär
besser, du hättest nicht gleich losgeschrieben, sondern erst
mit mir über deine Berufspläne gesprochen. Statt gleich En-

gel zu werden, könntest du beispielsweise erst einmal damit anfangen, ein guter Mensch zu sein . . .»

Eine so lange Gardinenpredigt hatte ich Anna noch nie gehalten. Ganz kleinlaut stand sie da und zerknüllte in der rechten Faust den von mir beanstandeten Brief. Aber kaum war ich fertig – ich meine, kaum fielen mir keine weiteren Argumente mehr gegen den Beruf eines Engels ein –, da hatte sich der Fratz schon wieder einigermaßen gefaßt.

«Ein guter Mensch werden . . .», sagte sie leise und nachdenklich, «. . . ob ich das schaffe? Meinst du nicht, daß Engel vielleicht doch leichter wär?»

FYNN

Seltsames, Merkwürdiges,
Rätselhaftes . . .

IRRATIONAL nennt man das, was mit dem Verstand nicht erfaßbar ist, was sich den Gesetzen der Logik scheinbar nicht unterwerfen läßt, was als «unvernünftig», «übervernünftig», «widervernünftig» gilt.

KRÖNER, PHILOSOPHISCHES WÖRTERBUCH

Wie lächerlich und weltfremd ist der, der sich über irgend etwas wundert, was im Leben vorkommt.

MARC AUREL

Schmetterling und Tiger

«Geh diesen Sommer nicht nach China», hatte mir ein Astrologe geraten. «Du wirst im Mai 1990 heiraten, aber nicht deinen jetzigen Freund. Deinen Ehemann wirst du auf einer Reise im nächsten Herbst treffen.»

Da ich noch nie bei so jemandem Rat gesucht hatte, wußte ich damit nichts anzufangen und vergaß es bald darauf.

Mit dem Massaker auf dem Tienanmen-Platz in Beijing am 4. Oktober 1989 waren meine idealistischen Hoffnungen für China, das mich mein Leben lang fasziniert hatte, zerstört. Ich hegte keine Illusionen mehr über die Menschenrechte in China, nachdem ich es zehn Jahre lang bereist und studiert hatte. Aber nachdem ich im Fernsehen die ersten gefilmten Demonstrationen in der Geschichte Chinas gesehen hatte, schien eine Veränderung unausweichlich. Wir alle glaubten plötzlich an eine neue Hoffnung für die Zukunft.

Am nächsten Tag bat ich meinen chinesischen Freund, mich zu einem Gedenkmarsch für die Opfer durch die Straßen Hongkongs zu begleiten, um gegen das Massaker zu protestieren. Er gab zur Antwort, er müsse einen Mikrowellenherd kaufen! Also ging ich allein. Den Glauben an einen perfekten Partner hatte ich schon lange aufgegeben, aber seine Unfähigkeit, meine und die Trauer der ganzen Welt zu verstehen, erinnerte mich an die gleichgültige Arroganz der chinesischen Regierung.

Kurz darauf wurde das Erscheinen meines China-Reisebuches gestoppt. Niemand in Amerika würde in ein so brutales Land reisen wollen.

Ich kehrte in die Staaten zurück für ein «Empowerment

Training», um aus meiner Depression herauszukommen und um Familie und Freunde zu besuchen. Innerhalb kürzester Zeit setzten mir meine Eltern Videofilme wie «Harry und Sally» und «Moonstruck» vor, lauter Filme über die Probleme von unverheirateten Frauen über dreißig. Da erinnerte ich mich an den Astrologen und verkündete, ich würde im Mai 1990 heiraten, und zwar einen Mann, dem ich erst noch begegnen mußte.

In New York schien meine beste Freundin, eine malaysische Börsenmaklerin, offenbar genauso besorgt über meine Zukunft wie meine Eltern. Sie bestand auf einem Anruf bei ihrem Wahrsager in Malaysia. Der sagte mir: «Du wirst deinem Ehemann innerhalb von dreißig Tagen begegnen. Er kennt bereits seit anderthalb Jahren deinen Namen als den seiner Ehefrau.»

Statt mich zu freuen, entwickelte ich nun eine Paranoia in bezug auf Männer, die meinen Namen kannten, vom Briefträger bis zum Gemüsehändler.

Ich ging in mein Training, gemacht für Leute, die ihr Bewußtsein erweitern und ihr Leben bewußt leben wollen. Abends bastelte ich an einem riesigen Paar Flügel für ein Schmetterlingskostüm, klebte winzige Papierfetzen zu einem Mosaik. Ich war zu einer Halloween-Party in Washington eingeladen. Im geheimen sah ich mich mit diesen neuen Flügeln aus der Raupe zum Schmetterling werden.

In Los Angeles hatte ein Drehbuchschreiber eine Einladung zu derselben Party bekommen. Sein Freund versprach ihm, er werde dort die Frau «mit dem Namen» treffen. Der Drehbuchschreiber hatte sich diesen Namen immer wieder vorgesagt, seit er ihn das erste Mal vor anderthalb Jahren gehört hatte. Ihn tröstete das! Aber er hatte bereits einen Flug für einen Besuch bei seiner Familie in Illinois gebucht. Er war enttäuscht wegen der Party, aber sagte sich, da kann man nichts machen.

Als er nach Illinois kam, schlug seine Mutter spontan vor: «Laß uns doch das Auto nehmen und zu deinem Bruder nach Washington fahren.»

Verblüfft stimmte er zu.

Die Party hatte schon vor drei Stunden begonnen, und ich war immer noch nicht dort. Ich war zwar schon einige Male vorher an der angegebenen Adresse gewesen, hatte mich aber trotzdem hoffnungslos verfahren. Ziemlich geschafft wegen der Verspätung, traf ich schließlich bei meinen Freunden ein.

«Ich bin schon lange gespannt darauf, Sie zu treffen», hörte ich einen Mann mit samtener Stimme sagen. Er trug den Pilotenanzug eines «Flying Tiger» aus dem Zweiten Weltkrieg, den ich sofort nach Bildern aus Filmen erkannte. Die «Fliegenden Tiger» waren damals in einer meiner chinesischen Lieblingsstädte, in Kunming, stationiert gewesen.

Vom ersten Händeschütteln an umgab uns eine Seifenblase des Friedens, und als ob wir selbst zu Bläschen des Mineralwassers geworden seien, das wir tranken, schwebte jedes Wort, das wir wechselten, im Raum wie die Kohlensäurebläschen im Glas. Es gab kein Thema, über das wir nicht sprechen konnten, keine Beobachtung, die zu alltäglich gewesen wäre. Der Schmetterling und der fliegende Tiger!

Als wir drei Tage später miteinander telefonierten, begannen Wellen des Wohlbefindens meinen ganzen Körper zu durchströmen, während ich in New York meinen Beschäftigungen nachging. Leute im Bus sahen mich an und fragten: «Ist alles in Ordnung, Miss?» Er sendete Liebe über den ganzen Kontinent hinweg, und ich empfing sie!

Eine Woche später flog ich nach Los Angeles, wir verlobten uns und heirateten im Mai 1990!   LISA CHAN

Wiedersehen in Ägypten

Bereits mit vier zeigte Klara ein starkes und ausgeprägtes Interesse an allem Ägyptischen. Meiner Frau und mir erschien das merkwürdig für ein so kleines Kind.

Ich war zu einem Kongreß nach Kairo eingeladen, und meine Familie begleitete mich. Auch eine Fahrt auf dem Nil war vorgesehen. Klara war darüber sehr aufgeregt. Die Vertreterin meiner Firma rief mich gleich nach unserer Ankunft im Hotel an und verabredete sich mit uns bei den Pyramiden. Sie würde ihre fünfjährige Tochter Sabrina mitbringen. Klara war über die Aussicht auf ein Treffen mit Sabrina noch aufgeregter als über die ganze Ägyptenreise. Meine Frau und ich machten uns darüber keine Gedanken. Wir dachten nur, daß es schön für Klara sei, eine kleine Spielgefährtin zu finden.

Während des ganzen Weges zu den Pyramiden fragte Klara ständig: «Treffen wir dort Sabrina? Bringt Elizabeth auch ganz bestimmt Sabrina mit?»

Der Anblick der Pyramiden verschlug uns die Sprache. Aus Hitze und Wüste ragten plötzlich diese spektakulären, alterslosen, geometrischen Formen auf.

Auf dem Parkplatz stellten wir uns neben Elizabeths

Auto, die uns eingewinkt hatte. Sobald wir die Tür geöffnet hatten, rannte Klara zu Elizabeths Wagen, in dem Sabrina auf dem Rücksitz saß, und sprang hinein.

Elizabeth, meiner Frau, unserem Chauffeur und mir fiel buchstäblich der Unterkiefer herunter, als sich Sabrina und Klara – eine Vier- und eine Fünfjährige, die sich noch nie gesehen oder gesprochen hatten – einander in die Arme warfen. In einer Umarmung, die einem unwillkürlich die Tränen in die Augen treibt. Die man sonst nur bei Menschen sieht, die jahrelang durch Krieg oder Schicksalsschläge getrennt waren.

Aber noch merkwürdigere Dinge passierten. Klara und Sabrina lösten sich aus der Umarmung, sahen einander an und sagten: «O Klara, ich bin so froh, dich wiederzusehen!» und: «O Sabrina, ich bin so froh, dich wiederzusehen!»

Wiederzusehen? Elizabeth sah mich an, ich sah meine Frau an, meine Frau sah Elizabeth an. Haben wir wirklich das Wort «wieder» gehört?

«Ihr beiden», fragte Elizabeth, «wart ihr vorher schon mal zusammen?»

Mit einer Sicherheit und Reife, die weit über ihre Jahre hinausging, wandten sich die beiden kleinen Mädchen uns zu und machten: «Äh, hm.»

Und das war alles, was sie je darüber sagten.

RICHARD GREENE

Der Lichtstrahl

Es war ein besonders heißer und drückender Abend. Der Regen, der früher am Tag gefallen war, hatte zwar die Temperatur etwas gesenkt, gleichzeitig aber auch für eine extrem feuchte Schwüle gesorgt. Ich habe mich immer schon gefragt, warum das Klima in Indien – speziell in Agra – so unangenehm ist.

Meine Eltern waren beide tot, und ich war nach Agra zurückgekehrt, um als einzige interessierte Erbin das Familienhaus zum Verkauf bereitzumachen. Meine Vorfahren hatten das Haus 1872 gebaut, und vier Generationen meiner Familie hatten darin gewohnt. Es besaß keinen Komfort, vor allem die Installationen ließen zu wünschen übrig. Außerdem war es seit mehr als fünfzehn Jahren unbewohnt. Mein Großvater hatte am Schluß allein darin gelebt, weil alle seine Kinder weggezogen waren. Ich war sehr unglücklich darüber, das Haus zu verkaufen, aber eine Renovierung wäre zu teuer für mich gewesen. Also entschied ich schweren Herzens, es zu verkaufen, und hatte nun vierundzwanzig Räume zu putzen. Zwei Angestellte, die schon lange für meine Familie arbeiteten, halfen mir.

Wir teilten die Arbeit untereinander auf, jeder nahm sich bestimmte Räume vor. Als ich mich durch Spinnweben und Staub durcharbeitete, hörte ich plötzlich einen der Angestellten laut rufen. Er stand vor einem der hinteren Räume, weigerte sich, ihn zu betreten, und sagte: «Da sind Geister drin!»

«Unsinn», sagte ich.

Aber er weigerte sich beharrlich, den Raum zu betreten.

«Ich gehe zuerst rein, und dann kannst du nachkommen», bot ich an.

Auch der andere Angestellte, der sich uns inzwischen zugesellt hatte, weigerte sich, den Raum zu betreten, wenn ich nicht vorausginge.

Ein bißchen merkwürdig war mir auch zumute. Die Luft in dem Raum war schwer von Staub, Spinnweben hingen von der Decke herab und glänzten in einem Lichtstrahl, der durch das einzige Fenster, hoch unter der Decke, kam. Ich atmete tief durch und betrat den Raum, schloß einen Moment die Augen, um alle Angstgefühle loszuwerden.

Als ich die Augen wieder aufmachte, warf ein Lichtstrahl, der sich im Metall meiner Armreifen brach, ein merkwürdiges Muster auf die gegenüberliegende Wand. Dadurch bemerkte ich, daß einige der Backsteine unregelmäßig versetzt waren und etwas vorstanden. Ich packte einen der Steine und zerrte kräftig daran. Er ließ sich tatsächlich aus der Wand ziehen. In der entstandenen Öffnung sah man Stoffetzen.

Ich rief meinen Angestellten zu, draußen zu bleiben und daß ich gleich wieder rauskäme. Ich zog und zerrte an dem Stoff, bis plötzlich ein ganzes Stück aus der Wand herausbrach und ich mit einem Plumps auf dem Boden landete, das Stoffbündel in der Hand. Als ich es vorsichtig aufmachte, starrte ich auf vier Goldbarren.

Ich wickelte sie rasch wieder ein, tat sie zurück, verließ den Raum und sagte den Angestellten, ich würde diesen Raum abschließen und später putzen.

Am Abend, als die Leute gegangen waren, holte ich das Bündel wieder aus seinem Versteck und betrachtete die Goldbarren genauer. Sie waren in einer Urkunde eingewickelt, die 1920 von der britischen Regierung ausgestellt war und erklärte, dieses Gold sei die Bezahlung für den britischen Streitkräften geleistete Dienste. Unsere Familie besaß Gerbereien und Lederfabriken und hatte im Ersten Weltkrieg die britische Armee beliefert.

Als wir Kinder waren, hatte uns der Großvater immer geheimnisvoll erklärt, in diesem Haus sei ein Goldschatz versteckt. Jahrelang hatten wir das geglaubt, aber nach vielen vergeblichen Versuchen, den Schatz zu finden, gaben wir auf und dachten, der Großvater sei inzwischen etwas konfus geworden. Jetzt aber spürte ich deutlich, daß meine Vorfahren mich zu dem Gold geführt hatten, damit ich das Haus renovieren und der Familie erhalten konnte.

Das war vor fünf Jahren. Das Haus ist heute ein Gästehaus für Touristen, die Agra und den Taj Mahal, eines der Wunder dieser Welt, besuchen. Es ist modernisiert, hat aber seinen alten Charme behalten, und wir haben inzwischen die Mittel, die wir reingesteckt haben, längst wieder herausgeholt.

Für mich aber war es eine geradezu mystische Erfahrung, die Verbindung mit meinen Vorfahren zu spüren, die mir einen Ausweg aus meinem Konflikt gezeigt hatten.

JYOTI DAR

Nur ein Roman?

Im Maritime Museum in Philadelphia kann man in einem Glaskasten das vergilbte Manuskript eines Romans besichtigen, der 1898 von einem gewissen Morgan Robinson geschrieben und zwei Jahre darauf publiziert wurde. Der Roman ist die erfundene Geschichte vom Sinken eines Luxusschiffes und erzählt bis ins kleinste Detail diese «größte Schiffskatastrophe aller Zeiten».

Robinson beschreibt darin ein Schiff von nie dagewesener Größe und unvorstellbarem Luxus, das als unsinkbar galt und seine Jungfernfahrt im Monat April antritt. Ein Rekord soll gebrochen werden, und an Bord befinden sich einige der reichsten und einflußreichsten Mitglieder der amerikanischen und europäischen Gesellschaft. Im nördlichen Atlantik kracht das Schiff in einen Eisberg und sinkt. Es gibt zu wenig Rettungsboote – nur 24 –, und die Mehrzahl der Passagiere ertrinkt.

Der Name dieses Romanschiffes: die «Titan»!

Zwölf Jahre nach Erscheinen dieses Romans, im April 1912, sank die weltberühmte «Titanic»!

Die Einzelheiten in Morgan Robinsons Roman *Das Wrack der «Titan»* entsprachen genau den Tatsachen des Untergangs der «Titanic».

Die erfundene «Titan» hatte 3000 Passagiere an Bord, die «Titanic» 2207. Beide Schiffe galten als unsinkbar, und beide traten ihre Jungfernfahrt im April an. Die Länge der «Titan» betrug 800 Fuß, die der «Titanic» 882,5. Beide waren mit drei Propellern ausgerüstet. Die Geschwindigkeit der «Titan» beim Zusammenprall mit dem Eisberg betrug 25 Knoten, die der «Titanic» 23.

Und was die unzureichende Anzahl der Rettungsboote auf beiden Schiffen betraf: Im Roman über die «Titan» sind 24 angegeben. Die «Titanic» hatte noch weniger: alles in allem zwanzig Stück für über 2000 Passagiere!

Ich kenne dich!

Es war ein herrlicher Herbstsonntag in Zagreb. Das Wochenend-Seminar mit 25 englischsprechenden jugoslawischen Ärzten, Anwälten und anderen Teilnehmern war besonders gut verlaufen.

Etwa um drei Uhr nachmittags wollten wir uns trennen, und als letzte Übung schlug ich der Gruppe vor: «Jeder sucht sich einen Partner. Dann stellt euch mit dem Gesicht gegeneinander auf, ohne zu sprechen. Schaut euch nur in die Augen und achtet auf das, was ihr dort seht.»

Alexander, ein bekannter Arzt in Zagreb, kam auf mich zu und sagte: «Kann ich diese Übung mit dir machen?»

Für gewöhnlich nehme ich an den Übungen nicht teil, sondern gehe umher und überwache das Geschehen. Aber in Alexanders Stimme lag etwas so Dringendes, daß ich zustimmte.

Musik spielte leise im Hintergrund, Alexander und ich standen einander gegenüber und sahen uns in die Augen. Nach nicht einmal fünfzehn Sekunden rannen Tränen über sein Gesicht. Ich sah ihm weiterhin in die Augen, die Tränen flossen stärker, er hatte sich nicht mehr in der Gewalt.

«Ich muß es dir sagen, Richard. Ich kenne dich. Ich kenne dich wirklich.»

Und er weinte immer stärker, sein ganzer Körper bebte. «Ich kenne dich», wiederholte er.

Nach fünf Minuten Weinens, Rufens und Bebens ließ Alexander mich los, wandte sich ab und sagte leise noch einmal: «Ich kenne dich, Richard!»

Nachdem er sich einigermaßen wieder gefaßt hatte, stellte ich ihm die Frage, die jeden im Raum beschäftigte: «Was war das? Weißt du, was das war?»

«Keine Ahnung», antwortete er, ohne zu zögern.

Da war er nicht allein. Ich erinnerte mich zwar daran, bei unserer ersten Begegnung eine starke Verbundenheit mit Alexander gespürt zu haben, hatte mir dabei aber bis jetzt nichts gedacht. Mir fiel zu seiner übersteigerten Reaktion auch nichts ein.

Dreißig Minuten später stolperten wir beinahe wie magisch über die Antwort. Angeregt durch das Erlebnis, sprachen wir über Gefühle. Während des Seminars hatte ich von einem Astrologen berichtet, der überzeugt war, daß die Wasserzeichen des Tierkreises, Fisch, Krebs und Skorpion, emotionaler seien als die anderen neun Zeichen. Ganz nebenbei sagte ich, daß ich ein Fisch bin.

«Ich auch», stieß Alexander hervor.

Wohl kaum ein Grund, sich aufzuregen, dachte ich. Ein Zwölftel der Menschheit ist ebenfalls im Zeichen Fische geboren.

«Februar oder März?» fragte ich ihn.

«Februar.»

«Welches Datum?»

«Am fünfundzwanzigsten.»

Ich stutzte. «Ich auch.»

Alexander sah mindestens fünf Jahre älter aus als ich, und eigentlich wollte ich die Sache nicht weiterverfolgen. Aber die Frage brach aus mir heraus.

«In welchem Jahr?»

«1924. Und du?»

Etwas komisch war mir schon, als ich antwortete:

«Auch 1924. Also sind wir am selben Tag geboren. Zu welcher Uhrzeit bist du auf die Welt gekommen?»

«Sechs Uhr dreißig morgens.»

Ich stieß einen Seufzer aus. Gott sei's gedankt, es war

nicht dieselbe Zeit. Das wäre ja noch schöner gewesen. Und dann fiel es mir ein. Die Zeitzonen!

«Wo bist du geboren?»

«In Zagreb.»

Ich wurde knallrot vor Erregung. Zwei Menschenwesen, einen Kontinent, viertausend Meilen und sechs Zeitzonen voneinander entfernt, waren genau im selben Moment geboren. Gibt es einen Zweifel darüber, warum der Arzt Alexander in Zagreb im tiefsten Herzen fühlte, daß er mich kannte?

Nach dem Seminar sprachen Alexander und ich noch lange miteinander und fanden Ähnlichkeiten in fast jedem Gebiet unseres Lebens. Er war Arzt geworden und wurde, enttäuscht von der Schulmedizin, zum Pionier für die Ganzheitsmedizin in seinem Land. Ich war Anwalt geworden, enttäuscht von der Juristerei, und versuchte mit alternativen Konfliktlösungs- und Kommunikationstechniken Menschen auf der ganzen Welt zu helfen.

Alexander hatte ein Kind, ich auch. Alexander war Vegetarier, ich auch. Alexander war 1986 in Indien gewesen. Ich auch. Und so weiter, und so weiter.

Wir beide sahen es, das Bild zweier sich naher Menschen, die genau im selben Moment die spirituelle Welt verlassen hatten, um in Körpern auf dieser Erde geboren zu werden – einer in Zagreb, der andere in Virginia, USA. Obwohl sich daran natürlich keiner von uns beiden erinnern konnte, dachten wir daran, als wir uns in die Augen sahen.

Und diesmal lächelten wir beide.

RICHARD GREENE

Wie finden Tauben nach Hause?

Als ich noch sehr klein war, nahm mein Vater mich im Frühling und Sommer am Samstagvormittag zum großen Taubenabflug mit. An einer kleinen Bahnstation warteten unzählige Wettkampftauben aus ganz Großbritannien in ihren aufeinandergestapelten Körben. Zur festgesetzten Zeit öffneten die Träger die Klappen, und dann flogen in aufeinanderfolgenden Wellen und einem Wirbel von Wind und Federn Hunderte von Tauben auf. Sie gewannen rasch an Höhe, zogen ein paar Kreise und machten sich dann auf den Weg in ihre fernen, weit verstreuten Heimatorte.

Diese Vögel faszinierten und begeisterten mich immer aufs neue. Wie können englische Schwalben im Herbst nach Südafrika fliegen und dann im Frühling nach England zurückfinden, sogar zu dem Gebäude, das im Vorjahr ihr Nistplatz gewesen war?

Weltweit gibt es heute über fünf Millionen Taubenliebhaber, die regelmäßig Wettflüge über Distanzen von achthundert und mehr Kilometern durchführen. Dieser Sport ist besonders in Belgien, Großbritannien, den Niederlanden, Deutschland und Polen populär. Tauben können aus Entfernungen bis zu gut tausend Kilometern an einem Tag nach Hause finden und erzielen dabei eine Durchschnittsgeschwindigkeit von an die hundert Kilometer pro Stunde.

Tauben stehen mit diesem Heimfindevermögen keineswegs allein da. Es gibt unzählige Anekdoten von Haustieren, sogar von Kühen, die über Entfernungen von vielen Kilometern nach Hause fanden. Am häufigsten hören wir dergleichen von Hunden und Katzen. So ging etwa ein Collie namens Bobby in Indiana verloren und tauchte im nächsten Jahr in seiner über dreitausend Kilometer entfernten Heimat in Oregon auf.

Der Entfernungsrekord wird von Vögeln gehalten. Adeliepinguine, Schwalbensturmvögel, Nordische Sturmtaucher, Laysanalbatrosse, Störche, Seeschwalben und Stare können, wie man herausgefunden hat, über Entfernungen von an die zweitausend Kilometer nach Hause finden. Als man Laysanalbatrosse von den Midway-Inseln im Zentralpazifik an der über fünftausend Kilometer entfernten amerikanischen Westküste (im Bundesstaat Washington) aussetzte, war der eine nach zehn Tagen wieder da, der andere nach zwölf. Ein dritter fand in etwas mehr als einem Monat von den 6500 Kilometer entfernten Philippinen nach Hause. Bei einem Experiment mit Nordischen Sturmtauchern holte man die Vögel aus ihren Nisthöhlen auf der Insel Skokholm vor der Küste von Wales. Einer wurde in Venedig freigelassen und war nach vierzehn Tagen wieder auf der Insel. Ein zweiter war nach zwölfeinhalb Tagen aus Boston zurück, eine Reise von fast fünftausend Kilometern quer über den Atlantik.

Noch verblüffender ist das instinktive Vermögen von Jungvögeln, ohne die Führung älterer Artgenossen, die den Weg schon kennen, ihre angestammten Winterquartiere zu finden. Die europäischen Kuckucke beispielsweise werden bekanntlich von Vögeln anderer Arten großgezogen und kennen ihre Eltern nicht. Diese Eltern brechen im Juli oder August nach Südafrika auf, etwa einen Monat bevor die neue Generation reisefertig ist. Die jungen Kuckucke finden sich zusammen und fliegen in Schwärmen nach Afrika, wo sie wieder zu den älteren Vögeln stoßen.

Sogar wandernde Insekten bewältigen ungeheure Entfernungen und finden Orte auf, an denen sie zuvor gewesen sind. Die berühmteste Art ist der Chrysippusfalter, der zwischen den Vereinigten Staaten und Mexiko hin und her wandert. Im Herbst, wenn die Tiere der älteren Generation gestorben sind, fliegt die neue Generation südwärts. Falter, die beispielsweise im Bereich der Great Lakes im Nordosten der Vereinigten Staaten geboren sind, müssen über dreitausend Kilometer zurücklegen und überwintern auf dem mexikanischen Hochland zu Millionen in bestimmten «Schmetterlingsbäumen». Hier in ihrer südlichen Heimat vermehren sie sich und sterben. Die nächste Generation wandert im Frühling nordwärts.

Woher wissen wandernde Tiere, wohin sie sich wenden müssen? Im Hinblick auf die Zugvögel lautet die populärste Hypothese, daß sie sich an den Sternen orientieren und vielleicht auch eine sehr fein abgestimmte Sensibilität für das Magnetfeld der Erde besitzen. Es wird auch angenommen, daß sie ein angeborenes Navigationsprogramm samt Sternenkarte und Magnetkarte haben, das den Vogelzug steuert. In der wissenschaftlichen Literatur spricht man von einem «vererbten raumzeitlichen Vektornavigationsprogramm». Aber verstanden haben wir damit noch nicht viel; dieser imposante Begriff stellt eher eine Benennung des Problems als seine Lösung dar.

Der wichtigste Anhaltspunkt für die Rolle der Sterne liegt darin, daß Zugvögel, wenn man sie zu Beginn ihrer Zugzeiten in Käfigen in einem Planetarium hält, einen Drang in die Richtung erkennen lassen, die unter diesem rotierenden künstlichen Sternenhimmel die richtige für ihre normalen Zielorte wäre. Vielleicht sind also die Sterne wirklich eine Art Kompaß, aber wie wir wissen, können Zugvögel ihr Ziel auch bei Tage und bedecktem Himmel finden. Zum Beispiel hat man von Albany County im Staat New York aus durch Radarbeobachtung feststellen können, daß zur Nacht fliegende Zugvögel sogar unter tagelang ununterbrochen bedecktem Himmel die Orientierung nicht verlieren; es gab «nicht einmal geringfügige Änderungen des Flugverhaltens».

Auch Fische können über Hunderte und Tausende von Kilometern wandern, und hier kommen die Sterne als Erklärung nicht in Frage. Sie müssen andere Orientierungsmittel haben. Der Geruchssinn dürfte eine bedeutende Rolle spielen, wenn sie sich ihrem Zielort nähern. Bei Lachsen deutet vieles darauf hin, daß sie ihren Heimatfluß «riechen» können, wenn sie in die Nähe der Mündung kommen.

Erklärt ist damit aber noch nicht, wie sie aus einer Entfernung von Tausenden von Kilometern den richtigen Küstenstreifen finden. Vor ähnlichen Problemen stehen wir bei den Wanderungen der Meeresschildkröten und bei anderen unter Wasser wandernden Tieren.

Über das Heimfinde- und Wanderverhalten wissen wir in Wahrheit noch nicht viel; nach fast hundert Jahren eifrigen Forschens ist immer noch unklar, wie Tauben nach Hause finden, und alle Versuche, dieses Navigationsvermögen anhand der bekannten Sinne und physikalischen Kräfte zu erklären, sind fehlgeschlagen. Die Forscher auf diesem Gebiet geben das auch zu: «Die erstaunliche Flexibilität der heimfindenden Vögel und Zugvögel ist seit Jahren ein Rätsel. Man kann alle erdenklichen Anhaltspunkte einen nach dem anderen ausschließen, und die Vögel haben doch immer noch irgendein Reservesystem, mit dem sie die Flugrichtung ermitteln. Das Problem der Navigation bleibt im wesentlichen ungelöst. RUPERT SHELDRAKE

Der Regenmacher

Es herrschte eine große Dürre. Seit Monaten war nicht ein Regentropfen gefallen, und es drohte eine Katastrophe. Die Katholiken hielten Versammlungen ab, die Protestanten beteten, und die Chinesen zündeten Räucherstäbchen an und feuerten Schüsse ab, um die für die Dürre verantwortlichen Dämonen zu verscheuchen, doch vergebens. Schließlich sagten die Chinesen: «Wir wollen den Regenmacher holen.»

Ein ausgemergelter alter Mann reiste aus einer anderen Provinz herbei. Alles, was er verlangte, war, daß man ihm irgendwo eine ruhige kleine Hütte zur Verfügung stelle; dort schloß er sich drei Tage lang ein. Am vierten Tag zogen Wolken am Himmel auf, und ein heftiger Schneesturm brach los, in einer Jahreszeit, in der sonst nie Schnee fiel, und es schneite so stark, und in der Stadt verbreiteten sich so viele Gerüchte über den Regenmacher, daß Richard Wilhelm den Mann aufsuchte, um ihn zu fragen, wie er das bewerkstelligt habe.

In der typischen Art des Europäers sagte er: «Sie werden Regenmacher genannt, können Sie mir sagen, wie Sie den Schnee gemacht haben?»

Und der kleine Chinese sagte: «Ich haben den Schnee nicht gemacht, ich bin nicht verantwortlich dafür.»

«Aber was haben Sie denn in diesen drei Tagen getan?»

«Oh, das kann ich Ihnen erklären. Ich komme aus einem anderen Land, wo die Dinge in Ordnung sind. Hier sind die Dinge nicht in Ordnung, sie sind nicht so, wie sie nach den Gesetzen des Himmels sein sollten. Daher ist das ganze Land nicht im Einklang mit dem Tao, und auch ich bin nicht im Einklang mit der natürlichen Ordnung der Dinge, weil ich mich in einem Land befinde, in dem die Ordnung nicht mehr herrscht. Ich mußte also drei Tage warten, bis ich wieder ins Tao zurückgefunden hatte, und dann kam der Regen von ganz allein.»

C. G. JUNG

Die Fügung

Seit 28 Jahren war ich im Schuldienst, und sosehr ich viele Jahre lang meine Arbeit geliebt hatte, sosehr fühlte ich mich nun leergelaufen, ausgebrannt und hatte Sehnsucht nach etwas anderem, etwas, das mir neue Bestätigung bringen sollte, einen neuen Weg zeigen für das letzte Drittel meiner Arbeitszeit. Aber ich war unfähig, Entscheidungen zu treffen, ließ alles schleifen, wollte nur noch davonlaufen, mich verstecken, Schule, Haushalt, Ehemann, Kinder, und vor allem ich selbst – alles war mir zuviel. Schlaflosigkeit, kein Appetit, Depression – ich weiß einfach nicht, was richtig für mich wäre, weiß nur: Meine Seele weint.

Trotzdem raffte ich mich zu einem Skiurlaub für einige Tage auf und fühlte mich in der klaren Bergluft, im Schnee, der Kälte erstmals wieder etwas wohl. Eine letzte Abfahrt am Skihang traute ich mir plötzlich alleine zu, wollte sie unbedingt machen, obwohl ich an der Gondelstation die Warnlampe «Lawine» blinken sah. Ach was, das berührt mich nicht, dachte ich, zurrte meine Mütze fest, sehr fest, und kontrollierte auch den strammen Sitz meiner Skibrille – eigentlich ganz gegen meine sonstige, eher etwas nachlässige Art in diesen Dingen.

Bereit zum Start, spüre ich plötzlich eine ungeheure Macht, etwas Donnerndes, Drohendes, Dunkles. Die Erde scheint zu versinken. Ich bin nicht mehr, fühle nichts mehr, aber mein Leben zieht mit großer Schnelligkeit im Geiste an mir vorüber.

Dann ist es still, ganz, ganz ruhig, in mir und um mich, herrlich friedlich. Aber es ist stockdunkel, ich weiß nicht, wo ich bin. Meine Mütze ist mir über die Augen gerutscht, meine Skibrille sitzt vor dem Mund. Ein Bergwachtmann steht im tiefen Schnee vor mir und hilft mir, mich aus Schneemassen zu befreien, die nur noch meine Arme freigelassen hatten. Ich stehe auf einem Felsvorsprung, weit oberhalb der Stelle, von der ich starten wollte. Auf der Piste weiter unten schreien Leute um Hilfe.

Man will mich in den Rettungsschlitten packen, aber ich lehne ab, mache meine Skier fest, fahre im Zickzack, als sei nichts gewesen, den Hang hinab bis zur Gondelstation. Dort falle ich einem Helfer in die Arme. Der Schock, der mich bisher umfangen hielt, löst sich. Mein rechtes Bein versagt den Dienst. Und in meinem Kopf ist nur noch ein Gedanke: Jetzt weiß ich genau, was ich will! Ich will nicht mehr in die Schule zurück, mein Weg liegt woanders . . .

Die körperliche Diagnose: Kapselriß im Knie, Kreuzbandriß, Außenbänder angerissen. Das alles hatte ich im Schock gar nicht gespürt. Die seelische Diagnose: Ein Klumpen hat sich in meiner Seele gelöst. Ich hatte mich in einer Lawine «versteckt» und war befreit worden. Das Wunder: Die Mütze und die Brille, für einmal sogar mehr als notwendig festgemacht, hatten mich gerettet. Eine Staub- und Drucklawine löst eine Druckwelle aus. Sie transportiert nur wenig Schnee, dafür jedoch Eiskristalle, die die Lunge zerreißen, die Lungenbläschen zerstören.

Das Bein heilte wieder. Meine Seele auch. Die Lawine hatte mich wachgerüttelt, die Rettung mir gezeigt, daß es noch viele Wege für mich gab. Eine Fügung? Ein Fingerzeig des Schicksals. Allerdings ein wahrlich gewaltiger.

SIBYLLE KRAUSS

Verloren und gefunden

Um mich herum sind mir im Leben ein paarmal sehr merkwürdige Dinge begegnet, die mir für mein ganzes Leben tiefen Eindruck gemacht haben.

Als ich sechzehn war, machte ich mit einem Schulkameraden eine Reise nach Skandinavien, bis hinauf nach Hammerfest. Das war damals eine ungeheure Sache, nicht wie heute, wo man sich einen billigen Flug ergattert und losreist. Wir fuhren mit dem Zug und übernachteten je nach Lust und Gegend in unserem winzigen Zelt. Eines Tages, als wir unsere Klamotten zusammensuchten, um weiterzutrampen, fehlte unser Fotoapparat. Bei unserem Besuch der Stadt Rätvik hatten wir ihn noch gehabt. Ziemlich hoffnungslos fuhren wir mit dem Zug nach Rätvik zurück – und kaum stiegen wir aus, lag unser Fotoapparat noch an genau derselben Stelle auf einer Bank, wo wir ihn 24 Stunden vorher liegengelassen hatten. Also für uns war das ein Wunder!

Bei Ferien in Südfrankreich verlor meine Schwester Silvia beim Schwimmen im Meer einen wertvollen Ring. Sie war furchtbar traurig, und wir gingen erst mal was trinken. Später kehrten wir zum Strand zurück, wo Silvia einen ersten Schnorchelversuch unternehmen wollte. Sie setzte sich ins Wasser, zog die Maske über und sah ins Wasser. «Da liegt ja mein Ring», schrie sie auf. Und da lag er tatsächlich, friedlich auf dem Meeresgrund, an einer ganz anderen Stelle als der, wo sie Stunden vorher geschwommen hatte . . .

Und noch eine letzte Begebenheit, die mir sehr in die Knochen gefahren ist. Eines Abends saßen wir in unserer Stammkneipe, einer richtigen Künstlerkneipe, und die Wogen der Diskussion gingen hoch. Da sah ich, wie mein Freund G. auf einmal leichenblaß wurde. Wir fragten ihn, ob ihm nicht gut sei. Aber er sagte nur, er habe plötzlich eine Art Ruck durch den ganzen Körper verspürt, ganz merkwürdig. – Zwei Tage später erfuhr er, daß genau in diesem Moment sein Vater, der Hunderte von Kilometern weit entfernt gewohnt hatte, gestorben war.

Vielleicht sind das alles keine Wunder, aber merkwürdig war es schon. Es gibt eben Dinge im Leben, die man nicht erklären kann – und am besten versucht man es auch nicht!

HEINZ BLUM

Kontakte aus dem Jenseits

Der Anruf

Bei uns war zwei Tage lang der Telefonanschluß unterbrochen, weil sie eine zweispurige Straße hinter unserem Haus zu einer vierspurigen Schnellstraße ausbauten. In unserem Garten arbeiteten Leute von der Telefongesellschaft, und alle Kabel waren herausgerissen und lagen auf der Erde herum.

Meine 17jährige Tochter Greta und ich waren zu Hause und sahen fern, als das Telefon läutete. Ich habe drei Anschlüsse im Haus, und Greta nahm den Hörer in der Küche ab, weil nur dort das Telefon läutete.

Sie sagte nur immer wieder: «Hallo, hallo?» Aber sie hörte nur ein Geräusch wie das Meer – als wenn man eine große Muschel ans Ohr hält. Deshalb legte sie wieder auf. Ungefähr zehn Minuten später läutete das Telefon wieder. Greta nahm wieder ab und sagte: «Hallo?» und hörte dasselbe Geräusch. Zehn Minuten später läutete das Telefon in der Küche zum dritten Mal, und diesmal nahm ich ab. Zuerst hörte ich auch dieses Geräusch, wie Wellen am Meer, aber dann war da noch eine Stimme, die immer näher kam.

Es war mein Vater, der sagte: «Hilda, Hilda, ich liebe dich.» Er sprach nur Polnisch, und er sagte mir, wie sehr er mich liebte.

Ich rief: «Daddy! Daddy! Daddy ich liebe dich auch!» Aber sobald er zu sprechen begann, wurde seine Stimme wieder schwächer und war schließlich gar nicht mehr zu hören. Nur das Meeresrauschen blieb, und dann brach die Verbindung ab.

Ich schaute Greta an, und sie fragte: «Mutter, was ist los? Du bist ja weiß wie ein Leinentuch!» Ich sagte: «Gerade hat Großvater mit mir gesprochen.»

Ich rannte nach draußen und fragte den leitenden Ingenieur: «Können wir schon wieder telefonieren?» Er sagte: «Nein, Madam. Die Kabel liegen noch hier, und der Anschluß wird erst morgen wieder funktionieren.»

Ich fragte: «Sind Sie sicher? Ich habe gerade einen Anruf bekommen. Ist es möglich, daß sie von der Zentrale aus etwas manipuliert haben?» Er sagte: «Nein, Madam, das ist völlig unmöglich.» Er sah mich mißtrauisch an, und ich beschloß, lieber ins Haus zu gehen, da er mich vermutlich für verrückt hielt.

Meine Tochter war bei mir, als das Telefon dreimal läutete. Also habe ich eine Zeugin, daß ich einen Anruf bekam – als das Telefon eigentlich gar nicht funktionieren konnte. Ich weiß nicht, was ich davon halten soll, aber ich weiß, daß ich es mir nicht eingebildet habe.

Vaters Warnung

Mein Mann hatte sich das Bein gebrochen. Wir lebten auf einer Farm, und so mußte ich alle seine Arbeiten übernehmen. Eines Abends fuhr ich nach dem Abendessen noch rasch in die Stadt zum Einkaufen. Ich war allein im Auto, und mir gingen tausend Dinge durch den Kopf.

Als ich gerade ziemlich schnell von einer Anhöhe hinunterfuhr, sagte mein Vater: «Schnell, Wilma! Bieg hier ab.» Es war, als säße er neben mir, und seine Stimme war glasklar zu hören.

Ich bog an der nächsten Ecke ab und fuhr fast zwei Kilometer nach Süden, dann zurück in Richtung Osten und wieder nach Norden, und die ganze Zeit über dachte ich: «Was tue ich denn bloß? Ich habe es eilig und mache trotzdem einen Umweg von vier Kilometern!» Es ging mir nicht in den Sinn, und ich kam mir ziemlich dumm vor. Später, auf dem Rückweg, traf ich eine meiner Nachbarinnen. Ich glaubte, sie hätte Probleme mit dem Wagen, und hielt an. Sie sagte: «Ich war so erleichtert, als ich sah, daß du abbiegst. Die Brücke ist eingestürzt!»

Es ist eine flache Holzbrücke mit zwei großen Pappeln, die darüberhängen, und dichtem Gebüsch. Sie war eingestürzt, ohne daß Bretter nach oben ragten. Ich weiß, ich hätte es auf keinen Fall rechtzeitig gesehen!

Ich war vielleicht vierhundert Meter von der Brücke entfernt, als mir mein Vater sagte, ich solle abbiegen. Ich wäre mit achtzig Stundenkilometern ins Leere gefahren! Hätte mich mein Vater nicht gewarnt, wäre ich jetzt wahrscheinlich tot.

Großmutters Trost

Ich war in jenem Sommer dreizehn Jahre alt und litt unter starken Depressionen. Ich saß weinend auf meinem Bett und dachte daran, mich umzubringen. Ich rief meine Großmutter, die mehr als drei Jahre zuvor an Krebs gestorben war: «Ich brauche deine Hilfe! Ich brauche dich jetzt!»

Großmutter erschien neben mir am Fußende des Bettes. Sie trug ein schönes weißes Gewand und sah aus wie ein Engel. Um sie herum sah ich Licht in verschiedenen Pastelltönen. Pastelltöne erinnern mich immer an den Himmel und an Gott. Sie sagte: «Es wird alles gut werden. Sprich ein Gebet, bevor du einschläfst. Ich liebe dich.» Das hat mir sehr geholfen. Von ihr aufgemuntert, fühlte ich plötzlich Wärme in meinem ganzen Körper.

Ich sagte ihr, wie sehr ich sie liebte, und bedankte mich bei ihr. Jetzt wußte auch ich: «Es wird alles gut werden!» Ich sprach noch ein Gebet und schlief einfach ein.

Seit diesem Tag geht es mir wieder gut. Ich kann mit meinen Gedanken und Gefühlen besser umgehen, weil ich meiner Großmutter wiederbegegnet bin.

Alice, bist du im Himmel?

Eines Nachts, als ich im Bett saß, verließ ich meinen Körper. Ich befand mich plötzlich im Flur unseres Hauses. Dort stand meine Tochter Alice, die sechs Monate zuvor mit zwanzig nach einem Autounfall an einer Gehirnblutung gestorben war. Sie trug ein weißes Gewand. Ich sah ihre Hände und Unterarme, ihren Hals, ihre Schultern und ihr Gesicht. Sie hatte einen wunderbaren Teint, und ihre Haare sahen phantastisch aus. Alice war absolut makellos.

Ich sagte immer wieder zu ihr: «Alice, ich liebe dich! Ich liebe dich!» Und sie sagte: «Ich weiß, Dad. Es ist gut so.» Ich wollte sie anfassen, umarmen und küssen. Aber als ich mich ihr näherte, wich sie zurück und sagte: «Dad, du kannst mich noch nicht berühren.» Und ich verstand das.

Dann fragte ich: «Alice, bist du im Himmel?» Sie sagte: «Ja!» Ich fragte: «Wie ist es im Himmel?» Meine Tochter, die viel Sinn für Humor hatte, antwortete: «Du weißt doch, wie es bei den oberen Zehntausend zugeht? Das ist noch armselig im Vergleich dazu!»

Dann sagte sie: «Ich muß jetzt gehen.» Ich wiederholte immer wieder: «Ich liebe dich, Alice, ich liebe dich.» Sie sagte: «Ja, ich weiß Dad», während sie rückwärts durch die Tür und aus dem Haus ging. Und ich legte mich wieder ins Bett und schlief die ganze Nacht durch.

Am nächsten Morgen erzählte ich es meiner Frau, und sie hielt mich für ziemlich übergeschnappt.

JUDY UND BILL GUGGENHEIM

Die wundersame Heilung

Irgendwo und irgendwann, da lebte ein reicher Mann mit Namen Kadisch. Er hatte nur einen Sohn, und der hieß Atzel. In Kadischs Haus wohnte noch eine entfernte Verwandte, das Waisenmädchen Aksah. Atzel war ein großer Junge mit schwarzem Haar und dunklen Augen. Aksah war etwas kleiner als Atzel, blauäugig und blond. Sie waren beide etwa gleich alt. Als Kinder aßen sie zusammen, lernten sie zusammen und spielten sie zusammen. Atzel spielte den Mann und Aksah die Frau. Es galt als ausgemachte Sache: Wenn sie groß waren, wollten sie wirklich heiraten.

Aber als sie groß waren, da wurde Atzel plötzlich krank. Es war eine Krankheit, von der niemand jemals zuvor gehört hatte: Atzel glaubte, er sei tot.

Wie konnte er sich das nur einbilden? Es schien von den Paradiesgeschichten zu kommen, die ihm seine alte Kinderfrau stets erzählt hatte. Sie hatte ihm gesagt, daß man im Paradies nicht arbeiten oder lernen oder sich sonst irgendwie anstrengen müßte. Im Paradies aß man Fleisch von wilden Ochsen und Walfischfleisch. Man trank vom Wein, den Gott den Gerechten zugedacht hatte. Man konnte weit in den Tag hinein schlafen, und man hatte keine Pflichten.

Atzel war von Natur aus faul. Früh aufstehen und lernen, das konnte er gar nicht leiden. Er wußte, daß er eines Tages das Geschäft seines Vaters übernehmen sollte, und das wollte er nicht.

Seit Atzel von seiner alten Kinderfrau erfahren hatte, daß es nur einen Weg gab, um ins Paradies zu kommen – nämlich zu sterben –, so hatte er beschlossen, gerade das so schnell wie möglich zu tun. Er brütete vor sich hin und dachte so angestrengt darüber nach, daß er sich bald einbildete, wirklich tot zu sein.

Seine Eltern waren natürlich todtraurig, als sie sahen, was mit Atzel geschehen war. Aksah weinte heimlich. Die Familie tat alles mögliche, um Atzel davon zu überzeugen, daß er lebte. Er aber weigerte sich, ihnen zu glauben. Er sagte nur: «Warum beerdigt ihr mich nicht? Ihr seht doch, daß ich tot bin. Ihr seid daran schuld, daß ich nicht ins Paradies komme.»

Viele Ärzte wurden gerufen, um ihn zu untersuchen, und alle versuchten, ihn zur Einsicht zu bringen, daß er lebendig sei. Sie stellten fest, daß er sprach, aß und schlief. Aber danach aß Atzel weniger und sprach kaum noch. Die Familie fürchtete, er würde sterben.

In seiner Verzweiflung befragte Kadisch einen großen Spezialisten, der ob seines Wissens und seiner Weisheit geehrt wurde. Sein Name war Doktor Joetz. Nachdem er sich die Beschreibung von Atzels Krankheit angehört hatte, sagte er zu Kadisch: «Ich verspreche, Euren Sohn in acht Tagen zu heilen, unter einer Bedingung: Ihr müßt alles tun, was immer ich auch sage, und wenn es Euch noch so seltsam vorkommt.»

Kadisch stimmte zu, und Doktor Joetz sagte, er wolle Atzel noch am selben Tag besuchen. Kadisch ging, um zu Hause alle darauf vorzubereiten. Er sagte seiner Frau, Aksah und den Dienstboten, daß alle den Anordnungen des Arztes zu gehorchen hätten. Und das taten sie auch.

Als Doktor Joetz kam, wurde er in Atzels Zimmer geführt. Mit zerzaustem Haar und in verknautschtem Nachtzeug lag der Junge auf seinem Bett, bleich und mager vom Fasten.

Mit einem kurzen Blick sah der Doktor Atzel an und rief:

«Warum behaltet Ihr denn einen toten Jungen im Haus? Warum bestellt Ihr nicht die Beerdigung?»

Die Eltern hörten diese Worte und waren zu Tode erschrocken. Aber über Atzels Gesicht huschte ein Lächeln, und er sagte: «Ihr seht, ich hatte recht.»

Obwohl Kadisch und seine Frau von den Worten des Arztes verwirrt waren, erinnerten sie sich an Kadischs Versprechen und machten sich sofort an die Vorbereitungen zum Begräbnis.

Atzel wurde so aufgeregt von dem, was der Doktor gesagt hatte, daß er aus dem Bett sprang und in die Hände klatschte. Seine Freude machte ihn so hungrig, daß er um etwas zu essen bat.

Aber Doktor Joetz sagte: «Warte, du wirst im Paradies essen.»

Der Doktor verlangte dann, daß ein Zimmer wie das Paradies hergerichtet werden sollte. Die Wände wurden mit weißer Seide behängt, und kostbare Teppiche bedeckten den Boden. Die Fensterläden wurden geschlossen und die Vorhänge zugezogen. Kerzen und Ölfunzeln brannten Tag und Nacht. Die Dienstboten wurden in weiße Tücher gekleidet, mit Flügeln auf dem Rücken. Sie hatten die Engel zu spielen.

Atzel legte man in einen offenen Sarg, und die Begräbnisfeierlichkeiten wurden abgehalten. Er war so erschöpft vor lauter Glückseligkeit, daß er die Zeremonie verschlief. Als er erwachte, fand er sich in einem Zimmer wieder, das er nicht erkannte. «Wo bin ich?» fragte er.

«Im Paradies, mein Herr», gab ein geflügelter Diener zur Antwort.

«Ich habe furchtbaren Hunger», sagte Atzel. «Ich hätte gerne Walfischfleisch und heiligen Wein.»

«Sogleich, mein Herr.»

Der Oberdiener klatschte in die Hände. Die Türe öffnete sich, und herein kamen Diener und Dienerinnen, die alle Flügel auf dem Rücken trugen. Sie brachten goldene Schalen, beladen mit Fleisch, Fisch, Granatäpfeln und Dattelpflaumen, Ananas und Pfirsichen. Ein großer Diener mit einem langen weißen Bart trug einen goldenen Pokal, gefüllt mit Wein. Atzel aß gierig, so ausgehungert war er. Die Engel schwebten um ihn herum, füllten ihm Teller und Pokal, noch ehe er um mehr bitten konnte.

Als er zu Ende gegessen hatte, erklärte Atzel, daß er ruhen wollte. Zwei Engel kleideten ihn aus und badeten ihn. Dann brachten sie ihm ein Nachthemd aus feinem gesticktem Leinen, setzten ihm eine Nachtmütze mit einer Troddel auf den Kopf und legten ihn in ein Bett mit seidenen Tüchern und einem Baldachin mit purpurnem Samt darüber. Sogleich fiel Atzel in tiefen und glücklichen Schlaf.

Als er erwachte, war es Morgen. Aber es hätte genausogut Nacht sein können. Die Fensterläden waren geschlossen, und die Kerzen und Ölfunzeln brannten. Kaum sahen die Diener, daß Atzel erwacht war, so brachten sie ihm genau das gleiche Mahl wie am Tage zuvor.

«Warum bekomme ich dasselbe zu essen wie gestern?» fragte Atzel. «Habt ihr nicht Milch, Kaffee, frische Brötchen und Butter?»

«Nein, mein Herr. Im Paradies gibt es immer das gleiche Essen», antwortete der Diener.

«Ist es schon Tag, oder ist noch Nacht?» fragte Atzel.

«Im Paradies ist weder Tag noch Nacht.»

Doktor Joetz hatte den Dienern sorgfältige Anweisungen gegeben, wie sie mit Atzel zu sprechen hatten und wie sie ihn behandeln sollten.

Atzel aß wieder Fisch, Fleisch, Früchte und trank Wein, aber sein Appetit war nicht so gut wie zuvor.

Als er gegessen und seine Hände in einer goldenen Waschschüssel gewaschen hatte, fragte: «Wieviel Uhr ist es?»

«Im Paradies gibt es keine Uhrzeit», antwortete der Diener.

«Was soll ich jetzt tun?» wollte Atzel wissen.

«Im Paradies, mein Herr, tut man überhaupt nichts.»

«Wo sind die anderen Heiligen?» erkundigte sich Atzel. «Ich möchte sie kennenlernen.»

«Im Paradies ist jede Familie für sich allein.»

«Kann man keine Besuche machen?»

«Im Paradies liegen die Wohnungen viel zu weit auseinander. Es würde Jahrtausende dauern, um von einer zur anderen zu gelangen.»

«Wann wird meine Familie kommen?» fragte Atzel.

«Euer Vater hat noch zwanzig Jahre zu leben und Eure Mutter noch dreißig. Und solange sie leben, können sie nicht hierherkommen.»

«Und wie ist es mit Aksah?»

«Sie hat noch mehr als fünfzig Jahre zu leben.»

«Muß ich die ganze Zeit alleine bleiben?»

«Ja, mein Herr.»

Eine Zeitlang schüttelte Atzel den Kopf und dachte nach. Dann fragte er: «Was wird Aksah tun?»

«Eben trauert sie um Euch. Aber Ihr wißt, mein Herr, man kann nicht ewig trauern. Früher oder später wird sie Euch vergessen, einen anderen jungen Mann kennenlernen und heiraten. So ist das mit den Lebenden.»

Atzel stand auf und fing an, hin und her zu gehen. Der lange Schlaf und das gute Essen hatten seine Lebensgeister wieder geweckt. Zum erstenmal wollte der faule Atzel irgend etwas tun. Aber in seinem Paradies gab es nichts zu tun.

Acht Tage blieb Atzel in seinem falschen Himmel und wurde immer trauriger. Er vermißte seinen Vater, er verlangte nach seiner Mutter, und er sehnte sich nach Aksah. Nichtstun schien ihm nicht mehr so begehrenswert wie früher. Jetzt hätte er gerne irgend etwas gelernt. Er träumte von Reisen. Er wollte auf seinem Pferd reiten, sich mit seinen Freunden unterhalten. Das Essen, das ihn am ersten Tag so entzückt hatte, verlor seinen Geschmack.

Es kam die Zeit, da er seine Traurigkeit nicht mehr verbergen konnte. Er sagte zu einem der Diener: «Ich sehe es nun ein, Leben ist nicht so schlecht, wie ich dachte.»

«Leben, mein Herr, ist schwer. Man muß lernen, arbeiten, Geschäfte machen. Hier ist alles leicht», tröstete ihn der Diener.

«Ich würde lieber Holz hacken und Steine schleppen, als so herumzusitzen. Wie lange soll das hier noch dauern?»

«Ewig.»

«Immer und ewig hierbleiben?» Atzel begann sich vor Kummer das Haar zu raufen. «Ich würde mich lieber umbringen.»

«Ein toter Mensch kann sich nicht töten.»

Am achten Tag, als Atzel zutiefst verzweifelt schien, kam, wie es ausgemacht war, einer der Diener zu ihm und sagte: «Mein Herr, ein Irrtum ist geschehen. Ihr seid nicht tot. Ihr müßt das Paradies verlassen.»

«Ich bin am Leben?»

«Ja, Ihr seid lebendig. Ich will Euch zurück zur Erde bringen.»

Atzel war außer sich vor Freude. Der Diener verband ihm die Augen, und nachdem er ihn durch die langen Gänge des

Hauses hin und her geführt hatte, brachte er ihn in das Zimmer, wo die Familie auf ihn wartete, und nahm ihm die Binde von den Augen.

Es war heller Tag, und die Sonne schien durch die offenen Fenster. Frischer Duft wehte von den umliegenden Feldern und Obstgärten herein. Draußen im Garten sangen die Vögel, und summend flogen die Bienen von Blume zu Blume. In den Ställen konnte Atzel die Kühe muhen und die Pferde wiehern hören. Voller Freude umarmte und küßte er seine Eltern und Aksah. «Ich wußte nicht, wie gut es ist, lebendig zu sein», rief er aus.

Und zu Aksah sagte er: «Hast du auch nicht einen anderen jungen Mann kennengelernt, während ich weg war? Hast du mich noch lieb?»

«Ja, Atzel, ich konnte dich nicht vergessen.»

«Wenn das so ist, wird es höchste Zeit, daß wir heiraten.»

Nicht lange danach wurde Hochzeit gefeiert. Doktor Joetz war der Ehrengast. Musikanten spielten. Gäste kamen aus weit entfernten Städten. Einige kamen auf Pferden geritten, andere auf Maultieren und wieder andere auf Kamelen. Alle brachten sie feine Geschenke für die Braut und den Bräutigam, aus Gold, Silber, Elfenbein, und erlesene, wertvolle Steine. Die Feierlichkeiten dauerten sieben Tage und sieben Nächte. Es war eine der fröhlichsten Hochzeiten, an die sich die alten Leute je erinnern konnten. Atzel und Aksah waren überglücklich, und sie lebten zusammen bis ins hohe Alter. Atzel lag nicht länger auf der faulen Haut. Er wurde einer der fleißigsten Kaufleute in der ganzen Gegend. Seine Handelskarawanen zogen bis Bagdad und nach Indien.

Erst nach der Hochzeit erfuhr Atzel, daß Doktor Joetz ihn geheilt hatte und daß er in einem Narrenparadies gewesen war. In den folgenden Jahren sprach er mit Aksah oft darüber. Später erzählten sie ihren Kindern und Kindeskindern die Geschichte von der wundersamen Heilung durch Doktor Joetz. Und jedesmal schlossen sie mit den Worten: «Aber wie es im Paradies wirklich ist, das weiß man natürlich nicht.»

ISAAC B. SINGER

Inhalt

Erlebnisse mit Engeln

Seltsames, Merkwürdiges, Rätselhaftes . . .

Quellenverzeichnis

Auster Paul, Auszüge aus: Das Rote Notizbuch (deutsch von Werner Schmitz); © 1996 by Rowohlt Verlag GmbH, Reinbek

Bach Richard, Auszüge aus: Illusionen (S. 14–19; 28–39); © Ullstein Buchverlage GmbH & Co. KG, Berlin

Eggli Ursula, *Das Engelsgeschenk* aus: Meine 5 Engel und ich; © Ursula Eggli, Bern

Hopcke Robert H., *Zufälle gibt es nicht*; © 1997 Limes Verlag GmbH, München

Imhasly Bernard, *Ganesh trinkt Milch* aus: NZZ Folio Nr. 12/1996; © 1996 Neue Zürcher Zeitung, Zürich

Jung C. G., *Der goldene Skarabäus*, © 1985 Walter Verlag AG, Zürich

Lang Karl Konradin, *Begegnungen mit einem Engel* aus: Nachdenklichkeiten; © Schwäbische Verlagsanstalt Drexler und Co., Ravensburg

Mardorf Elisabeth, *Kommissar Zufall / Unrecht gedeiht nicht / Rosenkäfer und Gottesanbeterin* aus: Das kann doch kein Zufall sein; © 1997 Kösel-Verlag, München

Singer Isaac B., *Die wundersame Heilung* aus: Zlateh die Geiss; © Verlag Sauerländer, Aarau

Smith Robert C., *Schutzengel mein . . .* aus: Schutzengel und Heilengel; © by Aquamarin-Verlag, Grafing

York Ute, *Edgar Cayce, das Wunder von Kentucky / Das Wun-*